いちばん
カンタン!
資産運用の超入門書
湯之前 敦
高橋書店

お金を増やすにはココから！

私はこれまで、ファイナンシャル・プランナーとして数多くの資産運用に関する相談を受けてきました。

なかでも多かった悩みは「どうすればお金が増えるのか」という漠然としたものです。世の中に数ある、株式や投資信託といった金融商品のしくみや動向をまったく理解していないにもかかわらず、たんに資産が増えないと嘆いている人が大半です。

また、多くの人は投資や運用を「怖い」とか「わからない」といったネガティブなイメージでとらえているようです。ただこの低金利時代、資産が増えない現状を変えるには、自らそういった考え方や取り組みを変えるしかありません。

私はこのようなお金に関する悩みや相談をもとに、この低金利下で、低予算でも資産を増やしたい人に向けて、本書を執筆しました。少しでもそういった人たちのヒントになるよう、初歩的で基礎的な運用法をやさしく解説しております。

押さえるべきことさえわかっていれば、資産運用は決して難しくありません。本書が皆様の、これからの資産形成の一助になれば幸いです。

著者

何をすれば?

どうしよう?

お金はどんどん
かかるし……

何もしなければ、何も変わりません!

相談してみよう!

調べてみよう!

こうすれば、
増えるんだ!

自ら取り組んで行動すれば、結果が出ます!

預金だけでは食べていけない

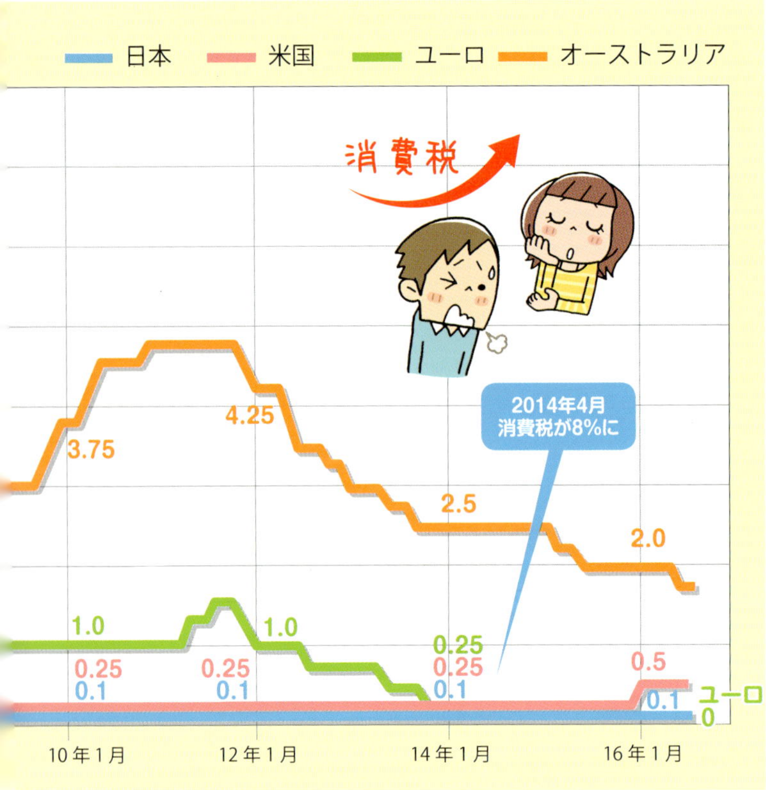

1990年当時の郵便局（現ゆうちょ銀行）の定額預金（3年以上預入）の金利は、6・33パーセントありました。100万円が10年後には約185万円になる計算です（1年複利）。

ところが2014年には、10年の定額預金の金利はたった0・025パーセント。100万円が10年たっても100万2503円にしかなりません（1年複利）。現在の低金利下では、預金したところでお金は増えないのです。

一方で物価はこれから上がり、消費税も10パーセントに引き上げ

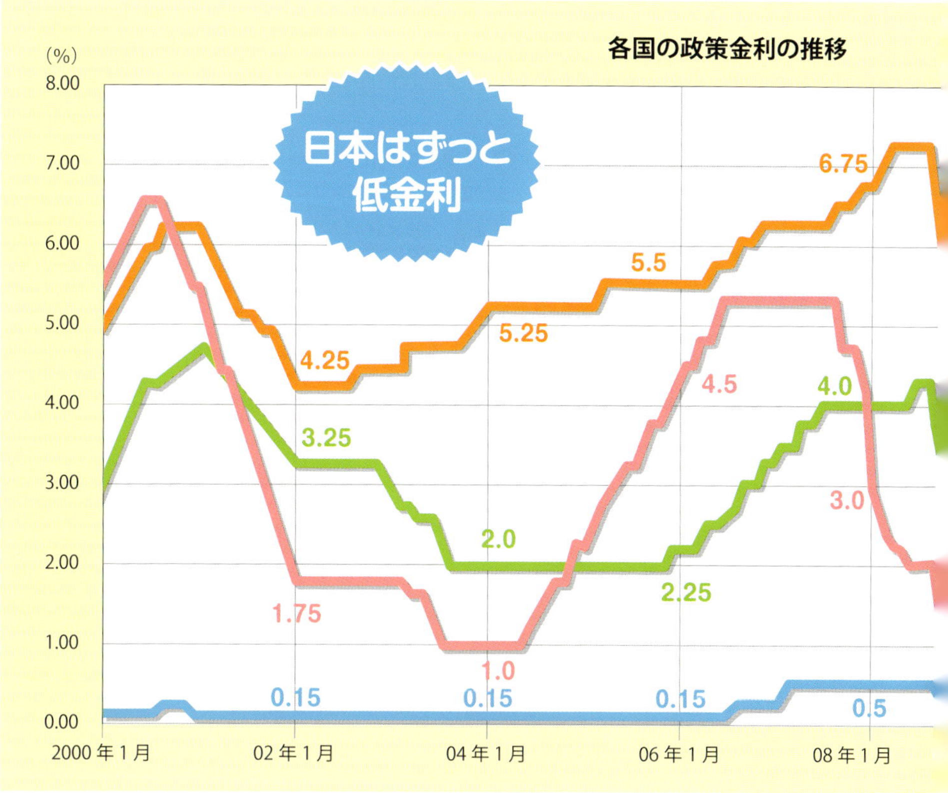

られる予定です。これらを踏まえると、たとえ年間2パーセントの金利があったとしても、お金自体は増えない時代になっているのです。

●2007年に預金した場合（1年複利）

5年間で、2万5,251円の利息

日本（金利0.5%）
100万円

102万5,251円

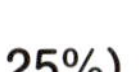

5年後

5年間で、2,915米ドル 29万1,500円の利息

米国（金利5.25%）
1万米ドル
（1米ドル=100円で 1万米ドル= 100万円になる）

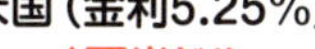

1万2,915米ドル
（1米ドル=100円で 1万2,915米ドル= 129万1,500円になる）

巻頭 2

今や運用は不可欠の時代に

日本では1996年以降、普通預金金利の平均が0・028パーセントと、未曽有の低金利が続いています。

この間、私たちの老後資金である「年金」も、運用難で財源が確保しにくくなり、受給開始年齢の引き上げや受給金額の減額、企業年金基金の解散などが行われました。

また国は、国民が年金を自ら運用して準備する「確定拠出年金(401k)」(58ページ参照)を導入しています。

このように、今の日本は1970年代や80年代のような預貯金だけで資産が得られ、老後は年金で穏やかに暮らせる時代ではありません。私たち自らが運用しないと資産が増えていかない時代です。

消費税だけをとってみても、5パーセント→8パーセント→10パーセントと税率は上がっていきます。一方で普通預金金利は低いまま。

つまり、資産をそのままにしておくと(銀行に預けておくだけでは)、むしろ、目減りしていってしまうのです。

個人が真剣に資産の防衛や運用を考えなければならない時代です。

BANK
BANK
銀行に
預けるだけで
増える時代は
終わった
IC CARD
IC
CARD
自分でお金を
育てる時代に!

“企業年金”これまでは……

確定給付企業年金

掛金の負担	年金資金の運用	従業員の年金受取額
企業が掛金を負担	企業が運用	年金受取額は一定

掛金が状況によって変動

※掛金とは定期的に支払うお金のこと

積立不足は企業が穴埋め

運用益

掛金

給付原資

金利は高いし！　安泰だよね♪

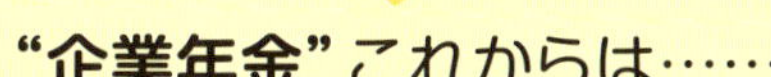

“企業年金”これからは……

確定拠出年金（401k）※企業型DC

掛金の負担	年金資金の運用	従業員の年金受取額
企業が掛金を負担	従業員個々人が自分の責任で運用	老後の年金受取額は自らの運用成果で決まる

掛金は一定

Aさんの運用益

Bさんの運用益

掛金

Bさん

Aさん

運用を考えないと
増えないし、もらえない

巻頭3 カギとなるのはリスクとリターン

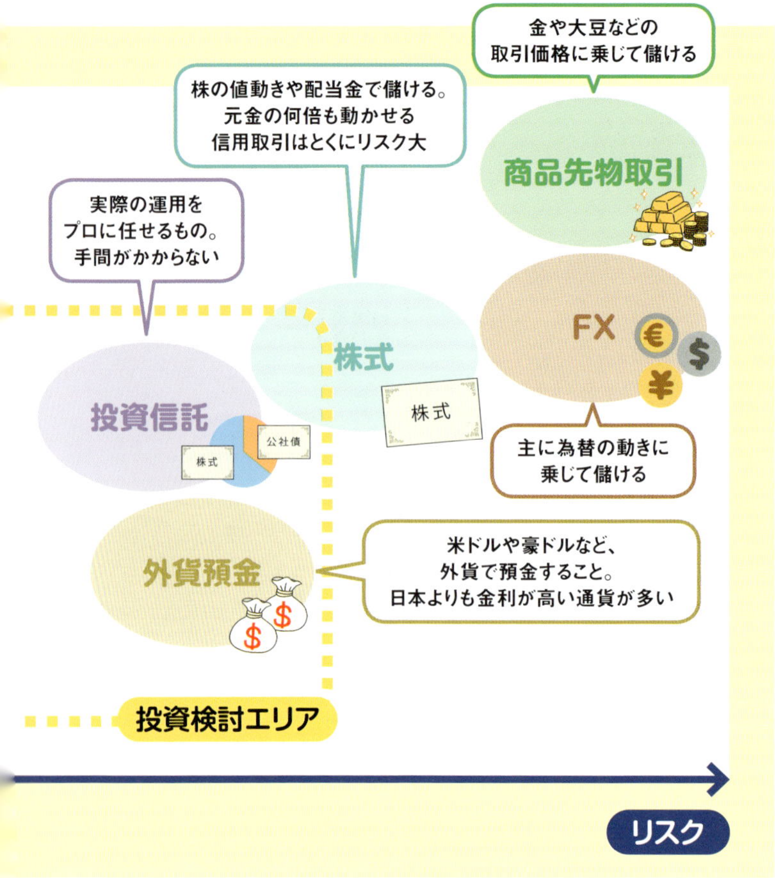

金や大豆などの取引価格に乗じて儲ける

株の値動きや配当金で儲ける。元金の何倍も動かせる信用取引はとくにリスク大

商品先物取引

実際の運用をプロに任せるもの。手間がかからない

FX

株式

投資信託

公社債

主に為替の動きに乗じて儲ける

外貨預金

米ドルや豪ドルなど、外貨で預金すること。日本よりも金利が高い通貨が多い

投資検討エリア

リスク

実際に余裕資産を運用するための「金融商品」にはさまざまな種類があります。

そこで、運用するにはそれぞれの種類のリスク（危険性）とリターン（収益性）の関係を頭に入れておかなければなりません。

この関係性をしっかり理解することが資産運用の重要な第一歩となるのです。

主な金融商品を上の図表にまとめました。またPART3で、各々の商品を具体的に解説しています。

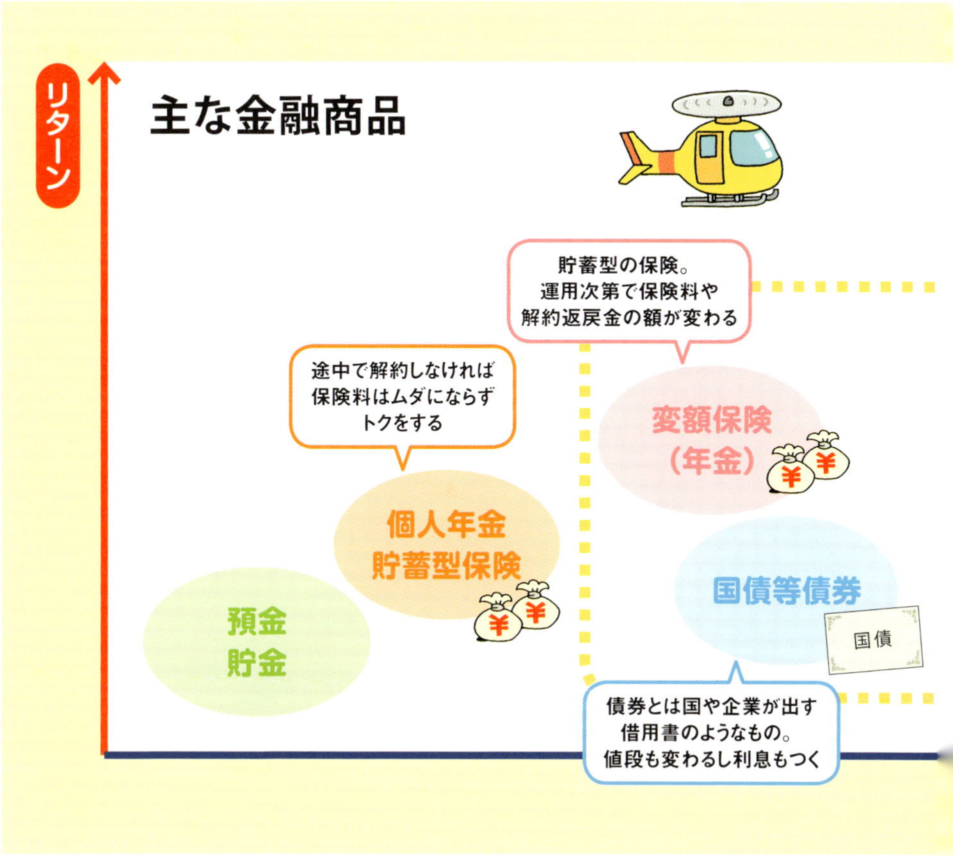

リターン

主な金融商品

貯蓄型の保険。
運用次第で保険料や
解約返戻金の額が変わる

途中で解約しなければ
保険料はムダにならず
トクをする

変額保険
（年金）

個人年金
貯蓄型保険

国債等債券

国債

預金
貯金

債券とは国や企業が出す
借用書のようなもの。
値段も変わるし利息もつく

初心者がはじめるにはまず
投資検討エリア内の運用法がよいでしょう

リターンの高いものほど、
短期間で利益を
上げやすい一方で、
資産を減らすリスクも高い

もくじ Contents

PART 1 運用前にやっておきたいこと

Contents

PART 2 余裕資金ゼロの運用法

ベストな運用法を知る!

Contents

PART 4 投資額別にみる運用術

※投資は、あくまでご自分の判断で行ってください。本書掲載の情報にしたがったことによる損害については、いかなる場合も著者及び発行元はその責任を負いません。

編集　アート・サプライ（丸山美紀）
デザイン・DTP　アート・サプライ（山﨑恵）
イラスト　アキワシンヤ

PART 1

運用前にやっておきたいこと

運用前にモノ申す

何もしなければ何も増えない

資産運用は1万円からでもできる

資産運用には当然、メリットの反面、デメリットもあります。

端的にいうと、資産運用のメリットは資産を増やす効果、デメリットはその効果を得るために負うリスクになります。

「運用する資産がないから、資産運用なんかムリ」という方でも、毎月1万円くらいであれば、捻出できるのではないでしょうか。たった1万円くらいの運用なんてムダなのでは？と思う方もいるかもしれません。

しかし、何もしなければ何も得られません。この成果を得るための行為が資産運用なのです。

まずは気持ちが大切！

資産運用の目的は自分の資産を効率よく増やすことです。

その第一歩は「運用してみよう！」と意を決すること。運用に取り組もうとする気持ちを持たないかぎり、何も変わりません（当然資産は増えません）。

大切なのは将来、資産を形成していきたいという気持ちと、その思いを現実につなげていく努力なのです。

つまり、何も思わなければ何もはじまらないということ。「千里の道も一歩から」というように、身近なところから努力することが何より大事なのです。

用語解説 投機

初心者が資産運用を考える際、短期間で利ざやを狙う「投機」は控えるべき。そもそも投機は「ゼロサムゲーム」といわれ、お互いがお金を取り合うこと。一方は儲かるが、もう一方は資産がゼロになる場合が多い。

運用すればこれだけ変わる

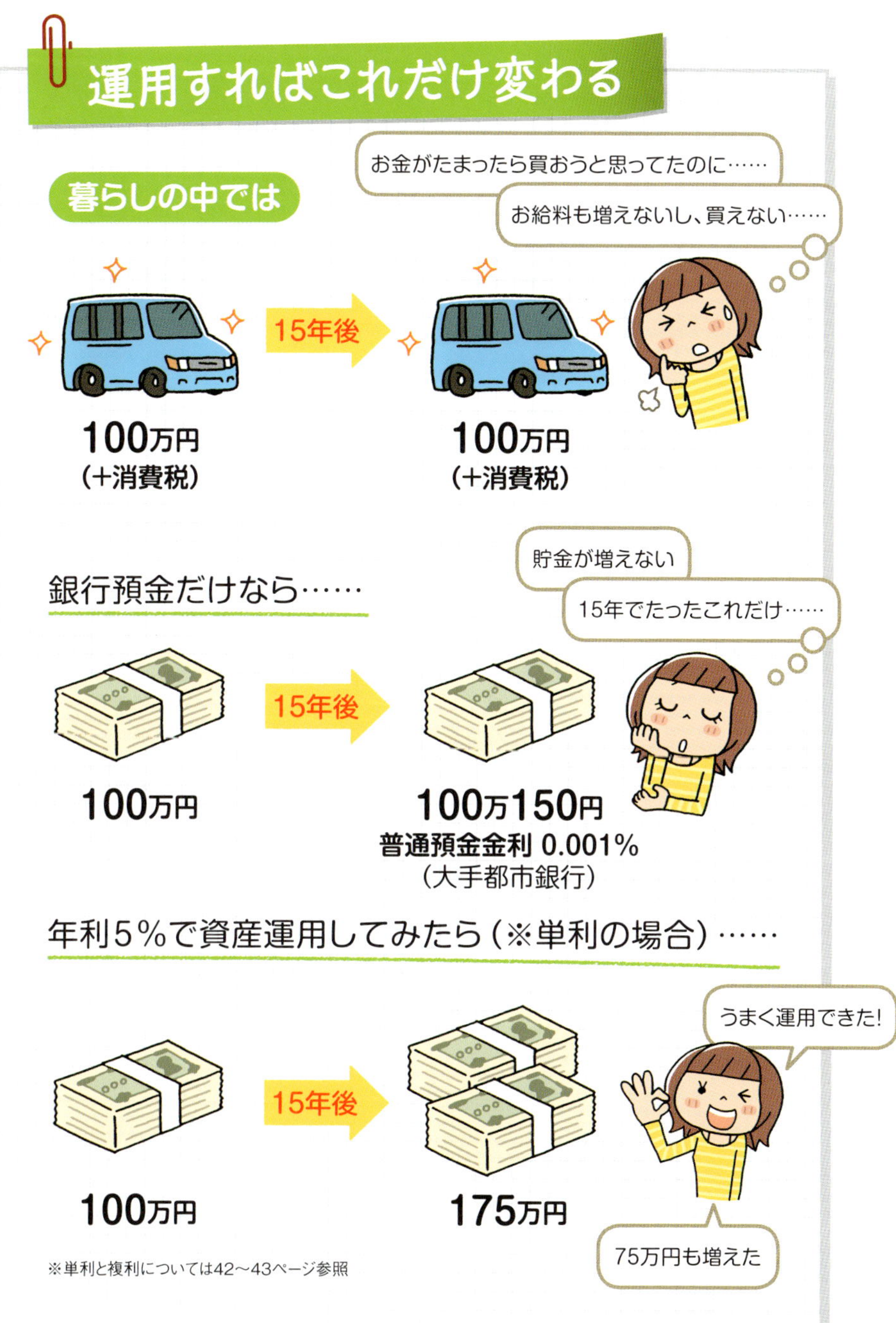
暮らしの中では
お金がたまったら買おうと思ってたのに……
お給料も増えないし、買えない……
15年後
100万円
(+消費税)
100万円
(+消費税)
銀行預金だけなら……
貯金が増えない
15年でたったこれだけ……
15年後
100万円
100万150円
普通預金金利 0.001%
(大手都市銀行)
年利5%で資産運用してみたら(※単利の場合)……
うまく運用できた!
15年後
100万円
175万円
75万円も増えた

※単利と複利については42〜43ページ参照

いくらになればいい？

目標金額を決めよう

運用にはゴールを設けることが大切

資産運用とはたんにお金を積み上げることではなく、現有資産（お金）を運用（金融商品）によって増やしていくことです。

そのためにはゴールを決めることが重要です。**ここでいうゴールには「目標金額」と「達成期間」の二つがあります**。

これらの目指すべきゴールがないかぎり、運用ははじめられません。

達成期間には運用率も関わってくる

資産運用は、目標金額と達成期間を設けることで、運用仕法（方法）が決まります。

さらにその達成期間を設けるのに、資産の運用率も関わってきます。

たとえば「１００万円の資産を運用で２００万円にしたい」と設定した場合、年率40パーセント以上あれば約2年で達成できます。

しかし、今の金融情勢で年率40パーセント以上の金融商品で運用するとなると、当然大きなリスク（危険性）も負うことになり、資産の減少も十分考えられます。

となると、運用率の上限はどのくらいがよいのでしょう？

リスクの度合いや日本の金融情勢から考えても、せいぜい15パーセント以下と考えるのが妥当です。

こうして、目標金額と運用率が決まったら、次は達成期間を設定します。

用語解説 リスク

risk（リスク）もdanger（デンジャー）も和訳すると同じ「危険」。では、何が違うのか？　リスクは取るもの、デンジャーは被るもの。投資はリスクを取って取り組むもので、交通事故にあう危険はデンジャーといえる。

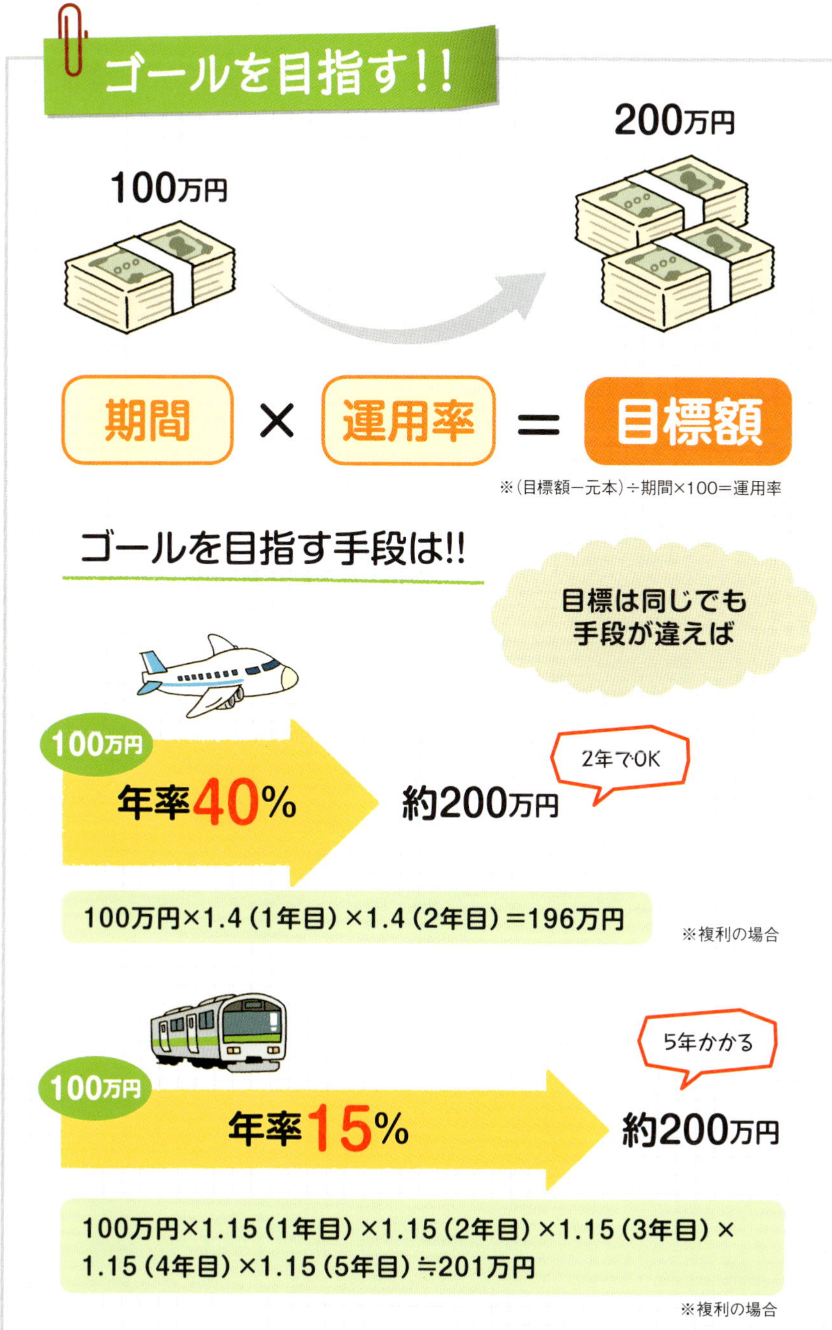
ゴールを目指す!!
100万円
200万円
期間 × 運用率 ＝ 目標額
※（目標額－元本）÷期間×100＝運用率
ゴールを目指す手段は!!
目標は同じでも
手段が違えば
100万円
年率40%
約200万円
2年でOK
100万円×1.4（1年目）×1.4（2年目）＝196万円
※複利の場合
5年かかる
100万円
年率15%
約200万円
100万円×1.15（1年目）×1.15（2年目）×1.15（3年目）×
1.15（4年目）×1.15（5年目）≒201万円
※複利の場合

いつまでに達成すればいい？ 達成期間を明確にする

中・長期での達成が妥当

目標金額を決定したら、もう一つの目標（ゴール）である「達成期間」を決めていきます。では、期間の設定はどう考えていけばいいのでしょう？　まずは、短期・中期・長期の期間をイメージしてください。

ここでいう短期とは運用期間1～3年、中期は3～5年、長期は5～10年（もしくはそれ以上）を指します。

目標金額にもよりますが、短期で考えた場合、前述のとおり相当なリスク（危険性）を覚悟した運用が必要で、逆に資産が目減りしたりなくなったりする危険性も高くなります。よって、期間を設定する際には、とくに初心者は中期から長期にしたほうが賢明です。

時間はリスクを回避する

時間には運用のリスク（危険性）を軽減してくれる効果があります。

たとえば１００万円を2年間で１５０万円にする場合、年率は23パーセントとなりますが、5年の期間を設ければ9パーセントの運用で達成できます。一見、2年のほうがトクに見えますが、その分、資金を失うリスクも高いのです。

初心者の場合、短期で運用を考えるより、中・長期で考えたほうが、リスク＝資産の目減りを回避できます。少なくとも運用期間は

「中期」からがおすすめです。

用語解説　リスク⇔クスリ

「リスク」を逆読みするとクスリになる。資産運用で取るリスクは、運用効果を上げていくクスリになるということ。ただし、クスリは適量を適切に服用しないと副作用が出やすいように、リスクも適正に取っていかなければならない。

期間別に見た主な投資法

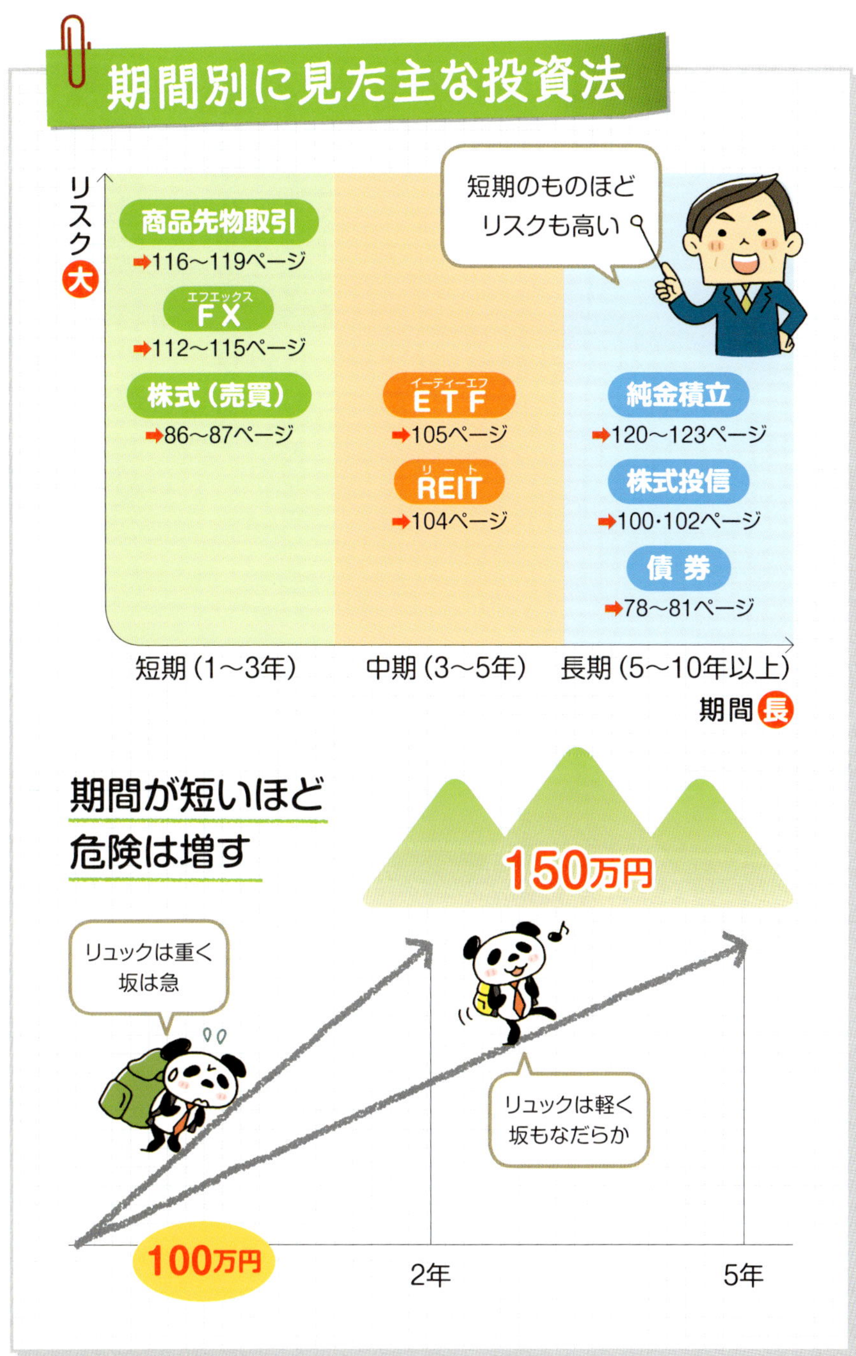
リスク 大
短期のものほど
リスクも高い
商品先物取引
➡116〜119ページ
エフエックス
FX
➡112〜115ページ
株式（売買）
➡86〜87ページ
イーティーエフ
ETF
➡105ページ
リート
REIT
➡104ページ
純金積立
➡120〜123ページ
株式投信
➡100・102ページ
債 券
➡78〜81ページ
短期（1〜3年）
中期（3〜5年）
長期（5〜10年以上）
期間 長
期間が短いほど
危険は増す
150万円
リュックは重く
坂は急
リュックは軽く
坂もなだらか
100万円
2年
5年

04 口座選びのポイントは利便性とサービス

運用に最適な口座を探す

金融商品で資産運用をはじめるのに必要なのが運用口座です。

運用を考える際、これまで預金などで使っていた金融機関を利用するのではなく、特性やサービスを考えて、新たな金融機関で口座を開設することも重要です。

利便性とサービスから考える

運用に最適な口座の条件として「利便性」と「サービス」が考えられます。

まず「利便性」から考えてみましょう。運用する場合、一般の口座と違って現金の出し入れが目的ではないので、近くに店舗やATMがあるといった利便性ではなく、運用目的の金融機関や商品にリンクしているかを重視します。

次に「サービス」ですが、口座を開設することで、普通預金金利が優遇される、外貨口座も同時に開設できる、通販系の銀行であればポイントバックがある、など**さまざまな優遇措置の有無も選ぶポイントとなります**。

信頼できる金融機関を

とはいえ、やはり重要なのは金融機関の信頼性でしょう。平成不況時には多くの金融機関が倒産しました。大切な資産を運用する口座なので、信頼性の高いところを選ぶというのは大切になってきます。

用語解説 そもそも銀行って

銀行は、預金の受け入れや債券発行などによって調達した資金を源泉に、投資や融資を行い、預金の振替・手形交換・為替などの支払決済を担う金融仲介機関である。

運用口座の選び方

利便性 × **サービス**

- 購入したい金融商品とつながっている……

- 普通預金金利が高い
- 外貨口座も作れる
- ポイントバックがある……

主な金融機関の口座概要（2019年1月現在）

金融機関	属性等	外貨預金	普通預金金利	運用商品等	手数料等
みずほ銀行	店頭・ネット（マネックス証券と連携）	有	0.001%	投資信託 国債 金融債等	取引状況によりATM手数料無料
新生銀行	店頭・ネット（T-POINTと連携）	有	0.001～0.003%	投資信託 仕組債 国債 外債等	条件によりATM手数料無料
楽天銀行	ネット（楽天証券と連携（マネーブリッジ※1））	有	0.1% 楽天証券と連携が条件	投資信託 株式等	条件によりATM手数料無料
大和ネクスト銀行	店頭・ネット（大和証券と連携（ツインアカウント※2））	有	0.005%	投資信託 債券	ATMなし。大和証券のカードでATM利用可能。状況により手数料無料

※1　マネーブリッジ……ネットバンクとネット証券の口座

※2　ツインアカウント……預金口座と証券口座の両方を開設し、銀行と証券のサービスの両方を受けられること

運用にはちょっと……

都市銀・地銀は運用に不向き

都市銀・地銀は日常のお金を管理

日本にはさまざまな金融機関が存在しますが、なじみ深いのはやはり、銀行（都市銀行・地方銀行）や郵便局（ゆうちょ銀行）ではないでしょうか。

国内の90パーセント以上の企業は給与を銀行振込にし、多くの人が公共料金の支払いに銀行口座からの引き落としを利用します。

このように、銀行は個人に代わって資金を管理するのが主な役割です。口座名義人の代行として、お金の受け取りや支払いの手数料を得たり、預かっている多くのお金を融資等の貸付に運用して収益を上げたりしているのです。

都市銀・地銀でお金は増えない

近年、銀行も保険や投資信託などの金融商品を扱うようになり、窓口でも積極的に販売するようになってきました。

当然、行員が運用商品を勧誘しますが、彼らは少なくとも2〜3年で転籍します。よって、銀行から3〜5年で運用する商品を購入するのは、アフターフォローを考えた場合、不十分ともいえます。

銀行とはお金を管理し、必要なときにお金を借りるところで、**お金を増やすところではない**というのが私の考えです。

ゆえに銀行員経由の「運用」に、よいイメージはありません。

用語解説 ATM手数料

たいていの銀行では、銀行口座に預けているお金を引き出す際に、手数料が引かれる。これはATMの機械等の保守やセキュリティー、時間外に稼働するコストなどを、利用者に一部負担してもらうためだ。

少しの金利でも見直さないとソン

100万円を普通口座に置いているだけで

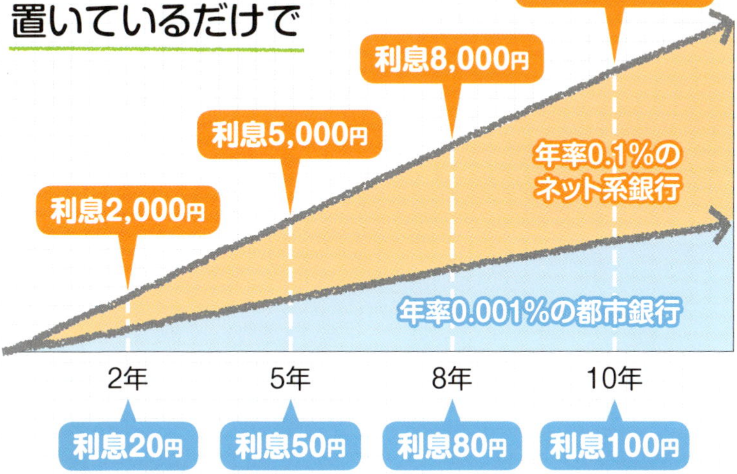

利息2,000円
利息5,000円
利息8,000円
利息10,000円

年率0.1%のネット系銀行

年率0.001%の都市銀行

2年 5年 8年 10年

利息20円
利息50円
利息80円
利息100円

わずかな金利でこれだけ違う!

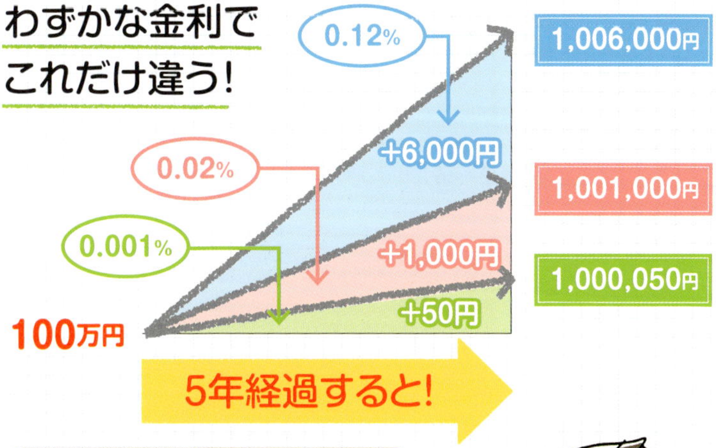

0.12% +6,000円 1,006,000円
0.02% +1,000円 1,001,000円
0.001% +50円 1,000,050円

100万円

5年経過すると!

銀行の金利や条件を検討して
口座を開くことがポイントです。
総じてネット銀行のほうが金利は高い!

運用口座を開設する

おすすめはネット銀行口座

取引口座開設のポイント

まずは、自分自身のライフスタイルに合わせた口座選びが重要です。

資産運用を目的とした取引や管理の利便性、金融商品との互換性、各種サービス（ポイント付与）などを考えた場合、ネット銀行の口座をおすすめします。

ネット銀行であれば、パソコンやスマートフォンからでも口座が申し込めます。自宅にいながらにして（店舗に出向くことなく）口座を開設でき、手続きもかんたんで手間もかかりません。

また、**入出金の管理や口座の残高などもネットで一元的に管理できるので便利です。**

●口座開設までの流れ（ネット銀行の場合）

銀行サイトから口座開設申込みをクリック

↓

口座開設申込書に情報を入力して送信
同時にオプションで証券口座も開設可能

↓

選択した本人確認にしたがって対応

↓

個人口座開設申込み完了

↓ 2日～2週間後

口座開設完了の書類が届く

↓

口座開設完了

ネット銀行と主な電子マネー

銀行	電子マネー	基本ポイント付与率	概要
楽天銀行	Edy	200円で1ポイント	1,000円の支払いで5ポイント(5円)付与されるので、0.5%のキャッシュバックに相当する
イオン銀行	WAON	200円で1ポイント	1,000円の支払いで5ポイント(5円)付与されるので、0.5%のキャッシュバックに相当する
セブン銀行	nanaco	100円で1ポイント	1,000円の支払いで10ポイント(10円)付与されるので、1%のキャッシュバックに相当する

※2019年1月現在

ネット銀行では、
電子マネーと連携しているところも多く、
使い方を考えれば有利です

商品のみ

支払い

商品+ポイント

07 運用できるお金を知る

投資に回せるお金はコレだけ!

今ある資産を把握する

資産運用は、現状の資産を把握してからでないとはじまりません。仮にゴールを設定しても、元手(運用資金)がなければ運用できないからです。

では、運用の元手を把握するポイントとは何でしょう。

それは現状の家計の把握です。毎月の収入と支出のうち、主に支出を把握しましょう。

具体的には、以下のように家のお金をおおまかに分類します。

① 毎月の必要経費
② ①以外の毎月の経費
③ 緊急用の経費(万一のときの準備金)

緊急用の経費は月収の3か月分

つまり、①②③を現在の収入(月収)から差し引いた額が、運用対象資産となります。

そのうち②の金額は、①とは違ってムダに消費している可能性が高いので、その内容を十分に検討する必要があります(①にも見直せる項目あり)。

また③は、何らかの不測の事態が起こったときのための準備金です。最低でも月収の3か月分は準備しておくことが望ましいでしょう。

そのほか、現在の預貯金額から③の緊急用を差し引いた額も運用に回せるお金になります。

用語解説 家計の必要経費(学資保険)

学資保険の保険料は、家計の重要な経費。子どもが大学進学を望んだ場合、４年間の学費だけでも国立大学で約250万円、私立大学文系で約330万円はかかる。そのための準備として入るのが学資保険。

使えるお金と使えないお金

1 毎月の必要経費➡あまり減らせないお金

- 住宅費（住宅ローン・家賃）
- 教育費・学費
- 光熱費・食費　など

2 ①以外の毎月の経費➡工夫すれば節約できる

- 被服費
- 遊興費（レジャー・外食・旅行など）
- 交際費　など

3 緊急用の経費➡不測のときの準備金なので使えない（月収の3か月分を目安に、毎月の積立金を決める）

- 不慮の事故や病気による収入減に備える資金
- 冠婚葬祭などの出費
- 日常生活上での不測の事態への対応資金 など

毎月の収入 −（1＋2＋3）

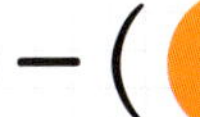
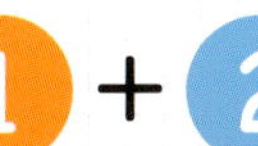
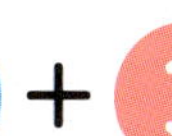

＝ 余裕資金（投資に回せる）

08 家計を見直せばザクザク

お金の仕分けをする

使えるお金と使えないお金

ここでは、前述した
①毎月の必要経費
②①以外の毎月の経費
③緊急用の経費（万一のときの準備金）
から、運用に使えるお金・使えないお金を具体的に解説します。

まず、①に該当するお金はほとんど運用に回せません。これは食費・住宅費・光熱費・教育費（将来の学資準備金も含む）など、日常生活に欠かせないお金です。

ただ、光熱費や食費などは、工夫次第で節約の余地はあります。

②は、①以外の経費（被服費・遊興費・交際費など）となります。余裕があれば使うというたぐいのお金なので、我慢＝節約すれば十分運用に回すことができます。

③は不意な出費（冠婚葬祭・病気入院など）の際に使うお金です。日々の生活の中でどんな不測の事態が起こるか、予測できません。そのため、つねに準備が必要とされるお金（**収入の3か月分が目安**）は、運用に回してはいけません。

資産を三つに分けることからはじめる

運用は余裕資金を使うのが鉄則です。資金を上述した三つに分別したうえで、しっかり自分の家計を見直して、運用に回せる資産を確保しましょう。

用語解説 可処分所得

労働の対価として得た給与やボーナスといった個人所得から、支払い義務のある税金や社会保険料などを差し引いた、残りの手取り収入のこと。個人が自由に使用できる所得の総額となる。

余裕資金を増やす

現預金

定期預金……100万円

収入（月収）

世帯給与（可処分所得）……40万円

支出

ただし、光熱費や食費なら、工夫次第で節約の余地はあります。

①毎月の必要経費

項目	金額	可否	減額目標
住宅費	95,000円	×	0%
光熱費	18,000円	△	10%（1,800円）
教育費	35,000円	×	0%
保険料	45,000円	○	20%（9,000円）
食費	60,000円	△	10%（6,000円）
合計	253,000円	捻出余裕資金	16,800円

見直し検討

②上記以外の毎月の経費

項目	金額	可否	減額目標
交際費	50,000円	○	20%（10,000円）
遊興費	20,000円	○	15%（3,000円）
被服費	22,000円	△	10%（2,200円）
その他	20,000円	○	10%（2,000円）
合計	112,000円	捻出余裕資金	17,200円

見直し検討

捻出余裕資金計　34,000円

毎月の積立金

③緊急用の経費……20,000円

余裕資金

収入－（①＋②＋③）＝15,000円

＋34,000円 ← **捻出余裕資金**

＝49,000円

余裕資金を生み出せば、月約5万円（年60万円）の運用が可能です！

運用に困ったときは……

お金の専門家に遠慮なく聞こう

さまざまな分野で活躍しています。そこでいざ相談するとき、どんなFPを選べばよいか、以下にそのポイントをあげます。

①相談者の話をよく聞いてくれる
②投資商品のみでなく金融全般に知識がある
③実務経験が豊富で、できれば既婚者（子育ての経験がある）
④士業（司法書士や行政書士など）とのネットワークを持っている
⑤商品の販売促進を前面に出さない

以上は、多くのお客様からご相談を受けている中での意見を集約したものです。

さらにFP選びは人選びでもありますから、ご自身との相性も大切にしてください。

FPとは「お金に関する専門家」

近年、FP（ファイナンシャル・プランナー）という言葉をよく耳にしますが、そもそもFPとは何なのでしょう。

平たくいえば「お金の専門家」であり、家計分野の金融に関わるプランニングやアドバイス、およびサポートをする専門家です。

日本では1987年に日本FP協会が設立され、FPが誕生しました。さらに2002年には国家資格として「FP技能士」が導入されています。

FP選びのポイント

FPにも独立系・銀行系・保険系などがあり、

用語解説 ライフプランニング

人生において自分や家族の将来設計を立てること。夢や目標、計画を明確にして、その達成に向けてお金の計画（マネープラン）を立てていくことをいう。

FP選びのポイント

1 どこで選べばいい？

- 日本FP協会のホームページ
  https://www.jafp.or.jp/
- FP探しCOM
  https://www.fp-sagashi.com/

2 FPの得意分野を調べる

- 資産運用
- ライフプラン
- 保険分野
- 不動産
- 年金相談

3 相談実績と経験

- 得意分野からさらに進んで、具体的に相談したい分野の経験や相談実績があるかを調べましょう

4 相談料金は？

- 相談料などの料金体系を聞きましょう

- 検索サイトから自分の条件に合ったFPを探しましょう！
- サイトに登録すればFPの紹介も受けられます
- 遠慮せずにわからないこと（料金や経験など）をしっかり聞いて、合わなければ断りましょう

Column

身近なところから資産運用はできる

資産運用というと、身構える人が多いと思いますが、身近なところからでも、資産を増やす努力はできるのです。

ただし、運用先をきちんと把握できているか、また活用法を理解できているかが大切です。

たとえば日々の買い物をコンビニなどで済ます際、つい現金で支払ってしまいがちです。しかし、この支払いをＥｄｙなどの電子マネーに変えるだけで、「ポイント」という将来お金に代わる可能性のあるものが付与されるのです。

このように、日常生活で消費する金額の一部を、ポイントといった違う形で積み上げて資産に変えることも、立派な資産運用といえるのではないでしょうか。

面倒と思わないことが大切

とかく、いろいろ考えてお金を消費することを面倒と思うかもしれません。

しかし資産運用は、自分の大切なお金を増やすだけでなく、できるだけムダなく適正なところに使うということも含みます。生活においてお金を効率的に使えるように考えることも大切。面倒くさがって何も考えずに行動していると、小さな運用機会も逃してしまいます。

こんな面倒に思える努力こそ値千金なのです。

PART 2

余裕資金ゼロの運用法

10

ちりも積もれば山となる！

余裕がなくても工夫次第でたまる

おすすめ度 ★★★★★

余裕資金ゼロ＝資金作りを怠っている

運用をはじめるには余裕資金が必要となります。ＰＡＲＴ１でも述べたように、余裕資金がないからと運用をあきらめていては、いつまでたっても資産は増えません。

実際、運用を考えられない人の多くは、「余裕資金がないから運用できない」といいますが……。

思うにこれは、余裕資金がないからではなく、余裕資金を作る努力を怠っている、もしくは余裕資金を作る方法を知らないということです。

実際に「手持ちの余裕資金ゼロ」からでも、資産運用のための資金を作るのは、可能なのです（ＰＡＲＴ１で触れたネット銀行の口座の開設、家計の見直しもその一つです）。

ちょっとした工夫で資金は作れる

余裕資金ゼロの状態から運用資金を得るには、多くの方法があります。

なかでもこれから紹介する方法は、とくに難しかったり、特殊だったり、手間ひまがかかったり、というものではありません。誰でもいつでも余裕資金を生み出せる方法です。

少しの気づきと心がけ、あとは行動力……。あきらめずに自分に合った方法を見つけ、運用できる資金を少しずつ作っていきましょう。

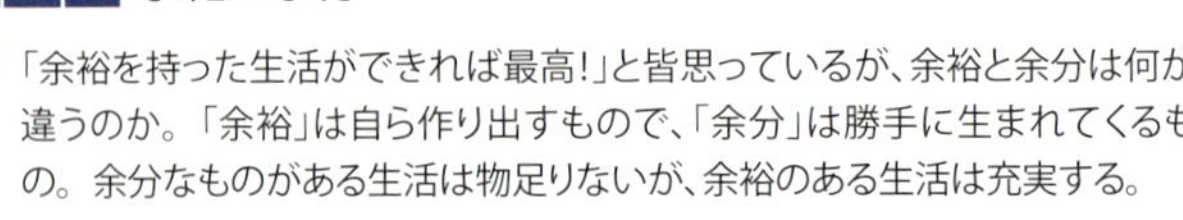

用語解説 余裕と余分

「余裕を持った生活ができれば最高！」と皆思っているが、余裕と余分は何が違うのか。「余裕」は自ら作り出すもので、「余分」は勝手に生まれてくるもの。余分なものがある生活は物足りないが、余裕のある生活は充実する。

日常の行動で変わるお金

お金のたまらない人のムダ

つねに手数料を引かれていることにも注意

1. 何も考えずに銀行口座を利用している
2. 現金の引き出しにコンビニのATMなどを利用し、休日や時間外に無頓着
3. 金融機関のポイントやサービスに無頓着で、何も考えずに金融機関を選んで利用している

細かなお金が日々ムダに消費されると!

お金のたまる人

1. 金利の利便性を考えて、目的に応じた口座を開設している(PART1参照)
2. 現金の引き出しは前もって準備し、コンビニのATMなどは極力利用しない
3. 金融機関のポイントやサービスを調べて、提携クレジットカードやポイントサービスを有効に活用する

細かなお金のムダを減らすと!!

ポイントも貴重な財産

クレジットカードでトクしよう

おすすめ度 ★★★★★

とって有利なのでしょうか？　ズバリ、「有利」といえるでしょう。クレジットカードは使い方次第で、手持ちの現金を増やしていく効果も得られるからです。

「クレジットカードを使うには抵抗がある」「支払いはニコニコ現金払い」という人もいますが、この考え方で、ソンをしている可能性があることに気づかなければなりません。

金融機関は、クレジットカードを使ってもらうことに対して、さまざまな特典やサービスを設定しているのです。

金融機関の特性に合わせて、クレジットカードとの連携のしくみを理解し、活用することも運用です。1000円で1円付与されれば、0・1パーセントの運用となります。

クレジットカードと金融機関

昨今、ほとんどの金融機関では、口座を開設する際にクレジットカードの同時加入を推奨します。

これは、銀行であればキャッシュカードと一体型のカードとして発行し、子会社である信販会社の販路を広げようという戦略もあるようです。また、ネット通販系の銀行では、通販サイトと連携したカードを発行し、通販サイト全体の収益を拡大させるなどの目的もあるのでしょう。

特典・サービスを活用する

さて、これらクレジットカードは利用者に

用語解説 盗難保険

クレジットカードには、万一の不正使用からカード保有者を守るための「カード盗難保険」が掛けられている。財布を落とした、スキミングにあったなど、適用例は多い。ただし、不正使用から60日以内に届け出ることが必須となる。

主なクレジットカードのしくみ

金融機関	カードの種類	連携ポイント等	主なしくみ
みずほ銀行	みずほマイレージクラブカード(Master、VISA、AMEX等)	ANA・Suicaなど	・キャッシュカード一体型 ・カード年会費無料 ・1,000円につき1ポイントの永久不滅ポイント
楽天銀行	楽天銀行カード・楽天カード(Master、VISA、JCB等)	Edy・ANA・楽天スーパーポイントなど	・キャッシュカード一体型 ・クレジットカード単体型 ・カード年会費無料 ・楽天カードと連携 ・100円につき1ポイントの楽天スーパーポイント
イオン銀行	イオンカードセレクト(Master、VISA、JCB等)	WAON・JALなど	・キャッシュカード一体型 ・カード年会費無料 ・イオン銀行普通預金金利が最大0.12%に ・200円につき1WAONポイント ・イオンでの買い物が特定日に5%割引
新生銀行	新生アプラスカード(Master、VISA、JCB等)	JAL・ANAなど	・クレジットカード単体型 ・カード年会費初年度無料 ・1,000円ごとに1ポイント(5円相当) ・ポイントは連携ポイント等に交換

※2019年1月現在

証券連携口座を活用する

おすすめ度 ★★★☆☆

証券総合口座のMRFが取り扱い停止

証券会社には銀行の普通預金と似た機能にMRF（マネー・リザーブ・ファンド）があります。平たくいうと、証券会社の口座にお金を預け、それを証券会社が自動的に運用するというものです。銀行預金よりも運用効果が高いのが特徴でした。

しかし、2016年2月から実施された**マイナス金利**政策により、運用が逆ザヤ化するおそれがあるとして、MRFの取り扱いを止める証券会社が相次ぎました。たとえ取り扱っていても、従来高かった運用実績が0％となってしまいました。

このように、MRFは19年1月時点では、活用が難しい金融商品となっています。

証券連携サービスをうまく活用しよう

たとえば楽天証券の場合、17年8月からMRFの新規の取り扱いを停止しています。同年11月からMRFは解約となり、これまでMRFとしていたお金は、「預り金」として証券口座に保管されることになっています（金利は0％）。

そこで、**楽天銀行口座との連携サービス「マネーブリッジ」（23ページ参照）を活用すれば、普通預金金利が0・1％となります**。「スイープ（自動入出金）」を設定すれば証券口座での売買時に、自動的に資金の出し入れを行うしくみになっています。

用語解説 マイナス金利

私たちの金利がマイナスになるのではなく、一般の銀行が日本銀行に預けている金利がマイナスになること。銀行は、日本銀行にお金を預けるよりも、融資などに回すほうがよくなるので、市中にお金が流れることになる。

これからは証券連携口座を活用する

●今まではMRFを活用

証券総合口座専用ファンド
MRF（マネー・リザーブ・ファンド）
- ●出し入れ自由
- ●1か月複利
- ●追加型公社債投資信託

1か月複利で、銀行金利より
良かったけど……
今は、利回り0%なんだ……

●これからは連携口座を活用

優遇金利が適用される。
金融商品を買うときに、
振込の手間が
かからない!

●主な銀行・証券連携口座

※2019年1月現在

銀行	証券会社	連携口座名称	主な特徴
楽天銀行	楽天証券	マネーブリッジ	●普通預金金利が5倍 ●自動入出金（スイープ）機能 ●証券口座利用でポイント付与
大和ネクスト銀行	大和証券	ツインアカウント	●円・米ドル定期預金金利優遇 ●自動入出金（スイープ）機能
三井住友銀行	SMBC日興証券	バンク&トレード	●投信積立プランの申込手数料無料 ●不足金等自動振替機能

利息と利回り、何が違うの？

銀行は利息・証券は利回り

単利より複利のほうがトク？

銀行口座の普通預金と前項の証券会社の口座であるＭＲＦの大きな違いは、普通預金は「単利の利息」、ＭＲＦは「複利の利回り」ということです。

まず、単利と複利の違いから説明します。

「単利」は元本資金に対して年に一度利息が支払われますが、その利息分は元本に組み込まれません。よって、翌年も〝当初〟の元本分に対する利息分だけ増えます。

一方で**「複利」の利息は、支払われるごとに元本に組み込まれます**。よって翌年は「元本＋利息」に対する利金となるため、結果的に単利より増えるというわけです。

利息と利回りの違い

次に利息と利回りの違いです。

「利息」は、決められた率で支払われるものです。「元本に対して1年ごとに発生する割合」となります。

一方「利回り」は、「特定の運用に対する収益を1年当たりで換算したもの」を指します（年平均利回り）。

たとえばＭＲＦの場合、公社債やコマーシャル・ペーパー（約束手形の一種）を中心に投資し、安定した収益の確保、元本の安全性の確保を目指した運用を行います。そして毎日、運用利息の受け払いを行い、1か月ごとに運用収益を元本に組み入れています。

用語解説 72の法則

元本を２倍にする場合のおおよその年数や金利が求められる数式。数式は「金利(%)×年数(年)＝72」「72÷金利（%）＝年数（年）」。たとえば100万円を6%の複利で運用して２倍の200万円になるのは、「72÷6＝12」から約12年後。

金利と利率と利回り

金利　預金や貸付に対する利息の比率

$$\frac{\text{利息}}{\text{預金}} \times 100$$

利率　元本に対する1年当たりの利息の割合

$$\frac{\text{利息}}{\text{元本}} \times 100$$

利回り　投資した資金（元本）に対しての収益を1年当たりの割合で表したもの

$$\frac{\text{収益÷預入年数}}{\text{元本（投資額）}} \times 100$$

●単利と複利

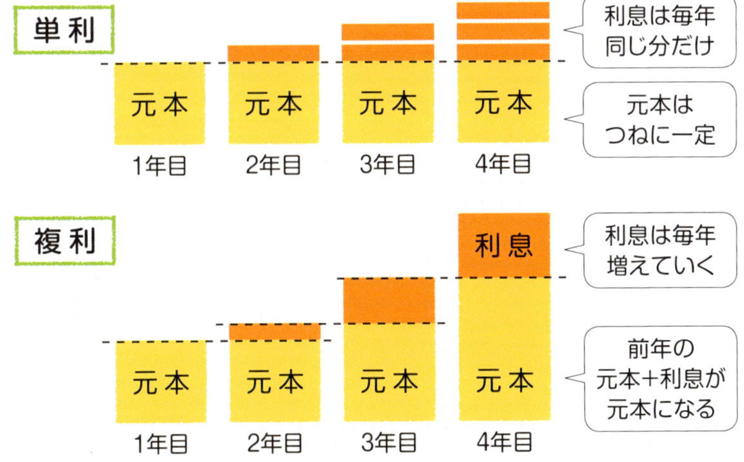

節税の特効薬！

NISAで収益を非課税にする

おすすめ度 ★★★★★

株式・投資信託の運用益が非課税に

NISA（ニーサ）とは2014年1月にはじまった「少額投資非課税制度」のことです。本来、税金を支払うべき上場株式や投資信託の「譲渡益」「配当金」が、**投資した年から5年間、非課税となる制度で**、23年まで加入できます。

13年まで導入されていた証券税制優遇制度の代わりに導入され、発足当初は毎年、元本100万円に対する収益金（利益）が非課税となっていました。

そして16年1月からは、非課税となる元本が120万円に増額されました。さらに同年4月に、0～19歳までの未成年者を対象とする「ジュニアNISA制度」ができました。これにより毎年、元本80万円までの収益に対して、5年間非課税となります。NISA同様、23年まで加入できます。

NISAを活用するには専用口座が必要

NISAをはじめるにはまず、NISA口座を開設しなければなりません。

NISA口座は証券会社をはじめ、銀行などの金融機関でも開設できます。ただ注意点として、1人1口座のみに限られ、一度開設した口座はほかの金融機関に移せません。

またジュニアNISAにおいては、口座名義人が18歳になるまでは、途中で投資金を引き出せません。

用語解説 分離課税

所得税は、各種の所得金額を合計して総所得金額を求め、累進税率に基づいて税額を計算し、確定申告でその税金を納める「総合課税」が原則。例外として、他の所得と合算せず、その所得単独で税額を計算する「分離課税」がある。

NISAと一般口座の違い

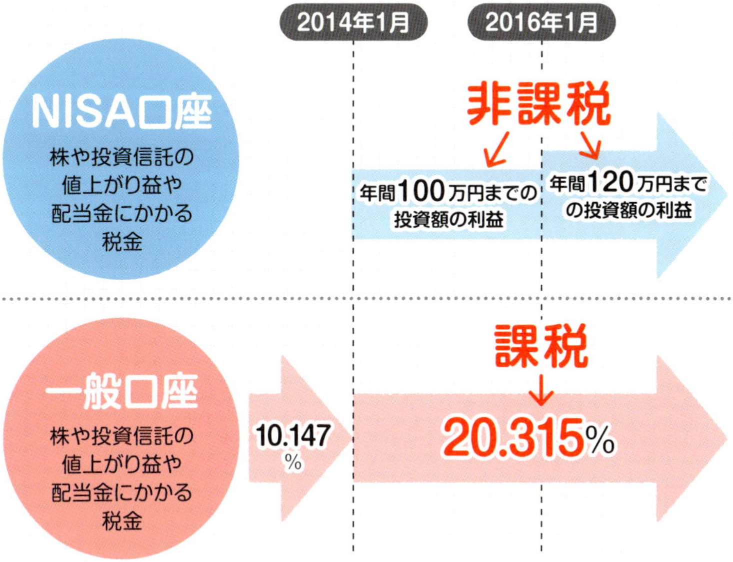

2014年1月　2016年1月

NISA口座
株や投資信託の値上がり益や配当金にかかる税金

非課税
年間100万円までの投資額の利益
年間120万円までの投資額の利益

一般口座
株や投資信託の値上がり益や配当金にかかる税金

10.147%

課税
20.315%

●NISAについて

非課税対象	株や投資信託の値上がり益や配当金（分配金）
非課税投資枠	毎年120万円まで（翌年への繰り越しはできません）
期 間	5年間（売却しても非課税枠の再利用はできません）
投資総額	最大600万円まで（120万円×5年間）
制度継続期間	2014年～23年までの10年間 （毎年120万円ずつ、非課税枠の設定ができる）
NISA口座資格者	20歳以上が対象（ジュニアNISAは0～19歳）

※NISAは2024年以降の制度変更や拡充が予定されている。

NISAをはじめてみよう

NISA口座を開く

NISA（少額投資非課税制度）をはじめるにはまず、金融機関（証券会社や銀行など）に口座を開設しなければなりません。

それぞれの金融機関で通常の証券口座を開設後、NISA口座開設の手続きをします。

NISA口座を開設し、運用商品を選定して運用開始です。

なお、各金融機関ともNISA口座で運用できる金融商品は決まっています。**扱っている金融商品の種類の多さ**も、金融機関選びのポイントです。

口座開設するまでの期間は、各金融機関とも2週間くらいを見ておきましょう。

ステップ1
金融機関を選び、証券口座を開設

↓

ステップ2
NISA口座開設書類に記入

↓

ステップ3
住民票・本人確認書類・マイナンバーと
口座開設書類を提出

↓

ステップ4
口座開設後に資金を入金

用語解説 NISAの繰り越し

NISAの非課税枠は翌年以降への繰り越しは不可となっている。たとえば、前年120万円の非課税枠のうち、50万円購入したとしても、残りの70万円は繰り越しできない。

NISA適用の期間

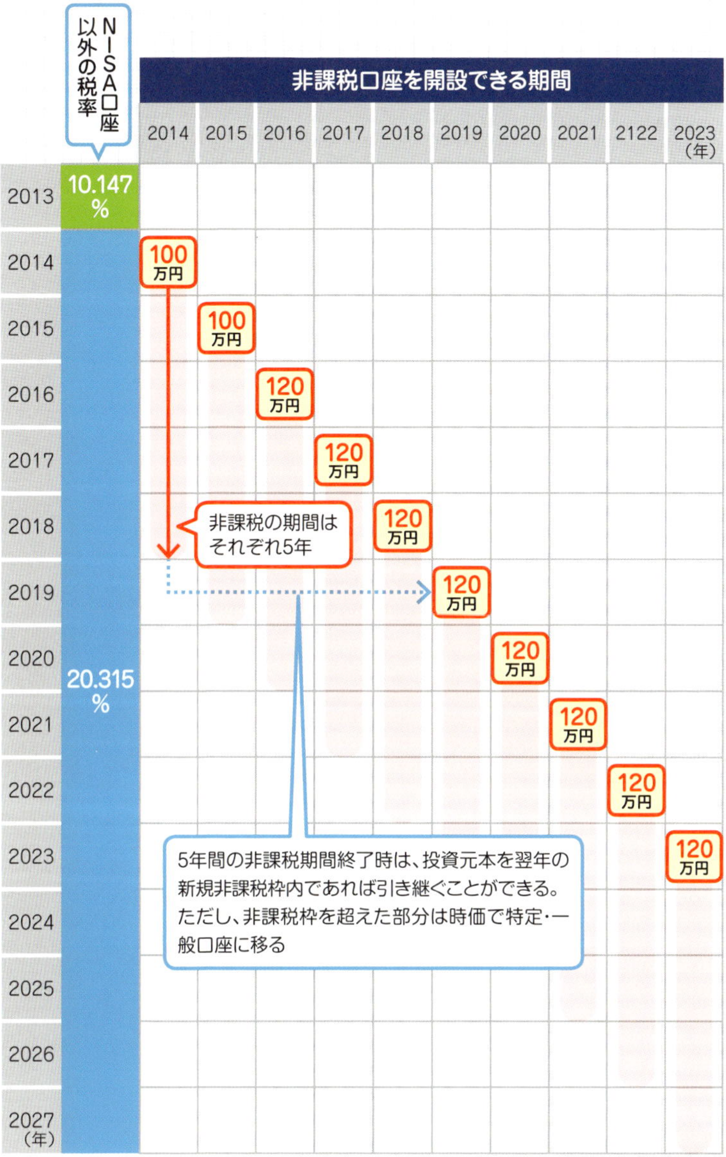

NISA口座以外の税率

非課税口座を開設できる期間

	税率	2014	2015	2016	2017	2018	2019	2020	2021	2122	2023（年）
2013	10.147%										
2014	20.315%	100万円									
2015			100万円								
2016				120万円							
2017					120万円						
2018						120万円					
2019							120万円				
2020								120万円			
2021									120万円		
2022										120万円	
2023											120万円
2024											
2025											
2026											
2027（年）											

非課税の期間はそれぞれ5年

5年間の非課税期間終了時は、投資元本を翌年の新規非課税枠内であれば引き継ぐことができる。ただし、非課税枠を超えた部分は時価で特定・一般口座に移る

15 じつは保険でソンしてる?!
生命保険も見直そう

おすすめ度 ★★★★☆

保険も立派な金融商品

保険会社も立派な金融機関です。

つまり、保険会社から加入している保険商品も「金融商品」の一種といえます。実際のところ、これらを金融商品と考えて加入している人は少ないのではないでしょうか。

保険は万一の場合の、経済的な補塡のための保障と考えがちですが、仮に銀行の普通預金金利が0・001パーセントだったときの保険の積立型商品の予定利率は0・25パーセント。**単純に利率を比べた場合、保険で積み立てを考えたほうが〝有利〟という事実は、意外と知られていません。**

掛け捨ての保障商品を中心にして、別建てで毎月積み立てを頑張っている人などは、保険商品の特性を調べて、見直すこともおすすめします。

高い利率を活用する

保険には損害保険と生命保険がありますが、金融商品として活用するのは「**生命保険**」のほうです。

積立型保険で運用する場合の注意点は、「積立期間（運用ゴール）と予定利率を考えて商品を選ぶ」「誰を保障の主体者にするのかを考える」ということです。

銀行金利とは異なる点もありますが、保険の機能を活用して有利に運用できるということも認識しておきましょう。

用語解説 **予定利率と標準利率**

標準利率とは、金融庁が保険会社に設定している「予定利率の目安となる運用利回り」のこと。予定利率とは「生命保険会社が契約者に約束する運用利回り」のこと。これは保険会社が設定し、契約中はずっと効力がある。

ムダな保険をチェックしよう

保険見直しのポイント

1 加入の目的は明確ですか?
(何の目的で加入したのか?)

2 加入保険の保障額は適正ですか?
(なぜ保障が必要なのか?)

3 加入の期間は適正ですか?
(いつまで必要か?)

4 目的に応じた種類の保険を選んでいますか?
(加入保険の種類を知っているか?)

5 毎月の保険料が収入の何パーセントかわかっていますか?
(保険料もコスト)

以下の項目に
当てはまれば、
見直しは、必須です!!

ムダな保険に加入しているかも

1 何も考えず、すすめられるがままに加入した保険がある

2 なぜ保険が必要なのか明確に答えられない

3 自分の加入する保険の種類や特性を理解していない

4 保障の期間や払い込みの期間を答えられない

5 家計の支出に対しての保険料の割合がわからない
(所得の10パーセント以内が妥当)

見直して

S保険会社

- 定期保険
- 保障期間10年
- 払込期間10年
- 保障金額1,000万円

40歳で死んだときの保障金額

保障金
1,000万円

年間保険料
21,600円

総払込保険料
216,000円

30歳（男性）　40歳

掛け捨てで40歳まで。
全部で21万6,000円支払って、
死んだときに
1,000万円もらえれば
いいのかな？

これでトクする 保険の適用

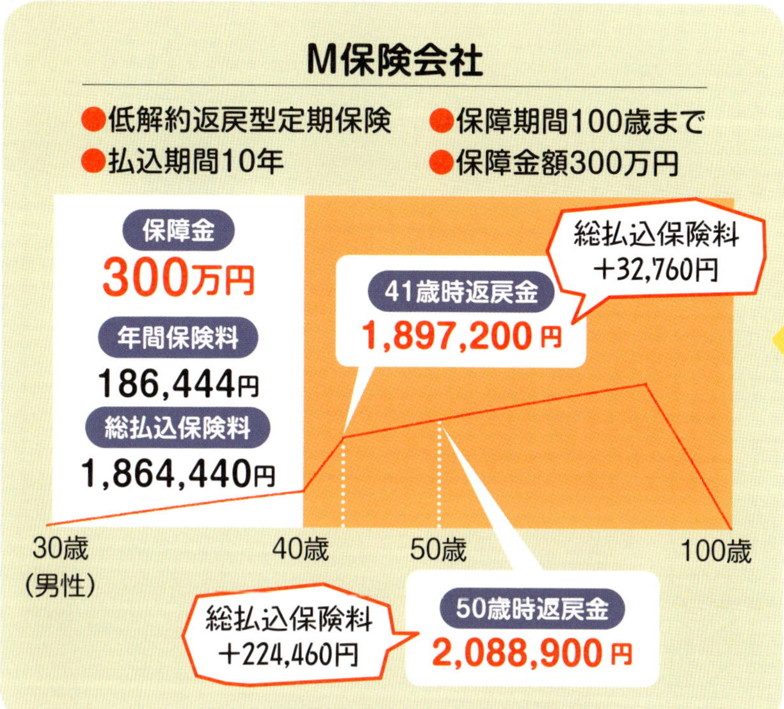

40歳までに死ぬ確率は低い！
ムダに掛け捨てするより、少なくても長い保障を買って、
お金がたまるようにしたほうがいいかもね!!

ポイント

1. 保障から貯蓄（保障込）に変更
2. 同じ定期でも保障期間を長く　10年 ➡ 100歳まで
3. 払込期間は10年で同じ
4. 保険料はコストからアセットに（経費から資産へ）

有利なようで不利な「変動金利型」
住宅ローンも見直そう

おすすめ度 ★★★★☆

低金利時代こそ〝見直し〟のチャンス

日本では1995年以降、基準貸付利率（公定歩合）が1パーセント以下で推移しており、2018年まで1パーセントを超えたことは一度もありません。

このように金利が低ければ、ローンの支払いを軽減することが可能です。低金利をうまく利用して、運用資金を捻出しましょう。

変動金利型から固定金利型へ

近年、低金利を背景に各銀行は住宅ローンの販売に力を入れています。なかでも短期金利に連動した「変動金利型住宅ローン」を推奨しているようです。

ここがポイントですが、変動金利型住宅ローンでは、5年や10年の期間の金利が、長期金利よりも約0・5〜1・0パーセントほど低く設定されているので有利に感じられます。とはいえ、そこから10年後、20年後はどうでしょう？

10年以内に完済するのなら、「変動金利型」でもよいかもしれません。**ただ20年、30年といった長期ローンの場合、結果的に固定金利型のほうが、支払い額は少なく済みます。**

かといって、途中から固定金利型に借り換えるのでは遅すぎます。なぜなら、金利は長期金利から上昇しはじめます。よって、低金利のころよりも高い金利での借り替えになるからです。

用語解説　5年ルールと1.25倍ルール

変動金利型の返済ルールで、金利が変動しても5年間は返済額を変更しないというルール。また、5年ごとの返済額の見直しの際、金利上昇で返済額が大きく上昇する場合でも、これまでの返済額の1.25倍が上限となる。

変動金利型より固定金利型に!

住宅ローンは最大最長のコスト

1 住宅ローンは長期間（20～35年）

2 ローンは家計支出のコスト（絶対経費）となる

	変動金利型	固定金利型
特徴	低金利のうちに早く返済するには有利!	返済額が一定なので、返済計画が立てやすい!
メリット	●短期的な返済を検討する場合、月々の返済額が低く抑えられる ●低金利期や金利が下がっている時期は返済負担も下がる	●金利が急上昇した場合でも影響を受けない ●将来設計が立てやすく、安心感がある
デメリット	●金利が上昇すると、それにともなって返済額も増える ●返済額が変動するため、将来設計が立てにくい ●5年ルールや1.25倍ルールの適用により、返済総額の増大や「未払い利息」が生じることもある（注）	●固定金利に適用される「長期金利」は、変動金利に適用される「短期金利」より高く設定されており、毎月の返済額がそれだけ大きくなる ●今後さらに金利が下がっても、その恩恵を受けられない

（注）前年の返済額の1.25倍までしか返済額は増加しませんが、それ以上の増加分は、後に一括返済となります。

●金利が低いうちに住宅費を一定額のコストとして見直して**固定金利**で計画的な返済を!

●10年以内に完済する計画で「繰り上げ返済」をするのなら、**変動金利**で積極的な返済を!

ケーススタディ

変動金利型から固定金利型へ見直し

変動金利型から固定金利型への見直しのポイントは、残債務額と返済期間です。

たとえば、残債務が3000万円で返済期間が30年のケースを考えてみましょう。

現在の変動金利を0・8パーセントとし、借り換え固定金利を1・35パーセントとした場合です。

変動金利型と固定金利型の返済シミュレーション例

（団体信用生命保険等諸費用は含まず）

❶30歳
残債務3,000万円
返済期間30年

❷固定金利型:1.35%（30年）
変動金利型:当初5年間0.8%

	固定金利型	変動金利型
ローン残高	3,000万円	
残返済期間	30年	
返済方法	元利均等払い （毎月の元金と利息の返済額が、返済開始から一定期間均等になる）	
金利推移	●全期間固定　1.35%	●当初5年間　0.80% ●以降5年間（6～10年目）　1.35% ●以降5年間（11～15年目）　1.85% ●以降5年間（16～20年目）　2.25% ●以降10年間（21～30年目）　2.55%

住宅ローンの計算は、難しいので、計算ソフトなどの利用がよいです

30年固定金利型の場合の毎月返済額（元利均等払い）

$$返済額=借入額\times(借入利率\div12)\times(1+借入利率\div12)^{360}\div((1+借入利率\div12)^{360}-1)$$

(360の指数に*1)

※変動金利型の当初計算も同じ

$$3{,}000万円\times(1.35\%\div12)\times(1+0.001125)^{360}\div((1+0.001125)^{360}-1)=101{,}390円$$

*1　360は返済回数（月数）：12月×30年

変動金利型の金利5年目変更時の毎月返済額（元利均等払い）

$$返済額=元金残金\times(変更利率\div12)\times(1+変更利率\div12)^{300}\div((1+変更利率\div12)^{300}-1)$$

(300の指数に*2)

$$2548.6万円\times(1.35\%\div12)\times(1+0.001125)^{300}\div((1+0.001125)^{300}-1)=100{,}142円$$

*2　300は返済回数（月数）：12月×（30年−5年）

	固定金利型	変動金利型
毎月の返済額	全期間　101,390円	当初5年間　93,760円 6〜10年目　100,142円 11〜15年目　105,012円 16〜20年目　108,056円 21年目〜　109,634円
年間返済額	全期間　1,216,680円	当初5年間　1,125,120円 6〜10年目　1,201,704円 11〜15年目　1,260,144円 16〜20年目　1,296,672円 21年目〜　1,315,608円
総支払額	36,500,400円	37,574,280円
支払利息分	6,500,400円	7,574,280円
10年後借入元本残高	21,314,959円	21,052,510円

約26万円多い

約107万円多い

会社で運用してくれる

財形貯蓄制度も活用する

おすすめ度 ★★★☆☆

意外と知られていない「財形貯蓄制度」

財形貯蓄制度とは、厚生労働省所管で行っている貯蓄制度のこと。「一般財形貯蓄」「財形住宅貯蓄」「財形年金貯蓄」の3種類があります。ここでは主に、一般財形貯蓄について解説します。

勤労者（継続雇用が見込まれるアルバイト、パートタイマー、派遣労働者も含まれる）であれば誰でもこの制度に加入できます。ただ、雇用している事業者が制度を導入していなければ利用できません。

運用益を加入者に支払う制度もある

制度を導入している事業者であれば利用できるので、一考の価値はあります。

この制度は、毎月の給与から一定額を天引きして積み立てるもので、おのずと積立資産が形成できます。

事業者によっては、加入者1人当たり年間10万円を上限に拠出し、7年ごとに運用益の合計額を「給付金」として勤労者に払う「財形給付金制度」「財形基金制度」などを導入している企業もあります。

財形貯蓄制度の金利は、通常の銀行金利と変わりませんが、給与から天引きで貯蓄に自動的に回せるので手間がかかりません。

また、**財形給付金制度を持つ企業であれば、金利のほかに給付金が上乗せされるので、有利といえるでしょう。**

用語解説　第1号（第2号・第3号）被保険者

年金制度による種別。第１号被保険者は、自営業者、学生、無職者など国民年金のみに加入する20歳以上60歳未満の者。第２号は、会社員、公務員など厚生年金、共済年金加入者で70歳未満の者。第３号は会社員、公務員の妻など。

財形貯蓄制度のしくみを知ろう

	一般財形貯蓄	財形住宅貯蓄	財形年金貯蓄
特徴	給与からの天引きで、定期的に長期間にわたって積み立てる		
目的	問わない	住宅取得・リフォーム資金	老後資金（年金）
契約可能年齢	要件なし	開始年齢が55歳未満	
契約できる数	複数契約可	1人1契約	
積立期間	3年以上	5年以上（住宅取得の場合は5年未満でも払い出し可能）	5年以上
非課税措置	非課税措置なし（利息に20%課税）	元利合計550万円（保険型は払込累計額550万円）まで、利息等は非課税	元利合計550万円（保険型は払込累計額385万円）まで、利息等は非課税
目的外払い出し	―	過去にさかのぼって利息等に課税	

※財形貯蓄制度の導入の有無は、事業者の総務や福利厚生担当に確認してください

老後に向けての運用手段「401k」

老後資金の切り札！

おすすめ度 ★★★★★

自ら運用していく年金

日本版401k（確定拠出年金）は2001年からはじまった制度です。

少子高齢化と年金の運用環境の悪化（金利の低下など）を背景に、それまでの確定給付年金（一定の金額を保証して支払う年金）の維持が困難となりました。そこで、各自が一定の金額を拠出（支払い）し、**運用を指図して将来の年金原資を形成する制度ができました**。

401kには「個人型（iDeCo〈イデコ〉）」と「企業型（企業型DC）」があります。18年12月現在、個人型が112・4万人、企業型が689・3万人と、合わせて約801・7万人が加入しています。

加入対象は17年1月より、年金の第1号被保険者および第2号被保険者はもちろん、公務員や第3号被保険者も入れるようになっています。ただし、生活保護受給者や保険料が免除されている低所得者などは入れません。

老後生活を安定させる

401kは自身の老後の資産形成を目的とした、老後生活を安定させるための制度です。将来を考えて積極的に活用していくようおすすめします。401kを導入している企業は年々増えており、社員の老後資金形成に一役買っています。もし導入されていないなら、就業している会社の総務などに活用するよう話してみてもいいかもしれません。

用語解説 確定給付年金

給付額があらかじめ定められている年金。掛金の運用実績にかかわらず給付額が保証されている。日本の確定給付年金は確定拠出年金の導入と合わせて、2001年に制度化された。

うまくいけばこんなに増える

1 3.8%の利回りを目指した運用例（1年複利）

●30歳会社員➡企業型401k
●年金目標3,000万円

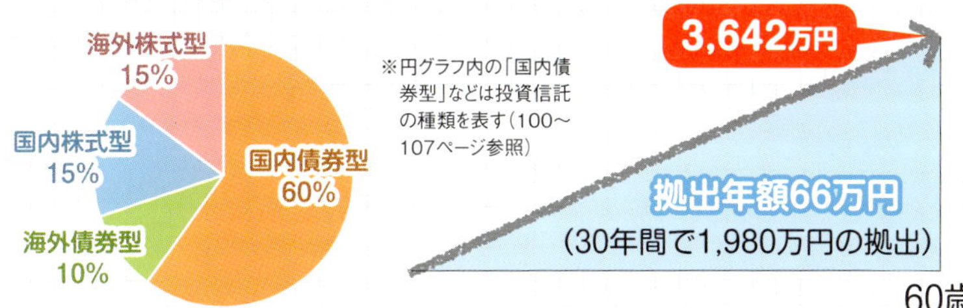

※円グラフ内の「国内債券型」などは投資信託の種類を表す（100〜107ページ参照）

2 5.0%の利回りを目指した運用例（1年複利）

●30歳会社員➡企業型401k
●年金目標4,000万円

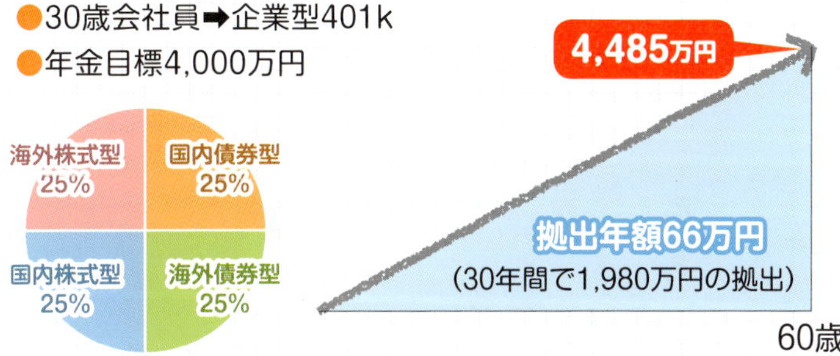

3 10%の利回りを目指した運用例（1年複利）

●30歳会社員➡企業型401k
●年金目標1億円

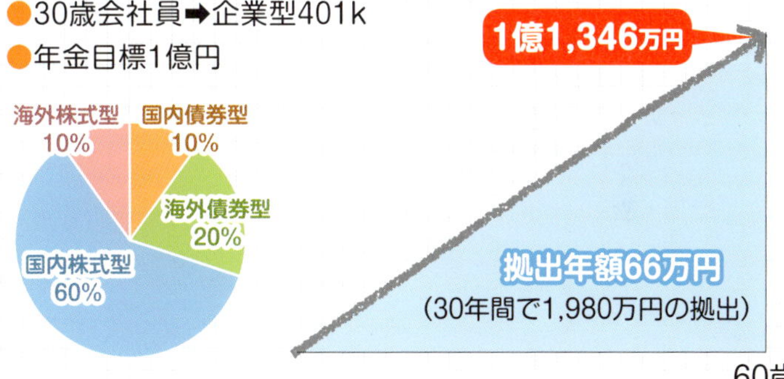

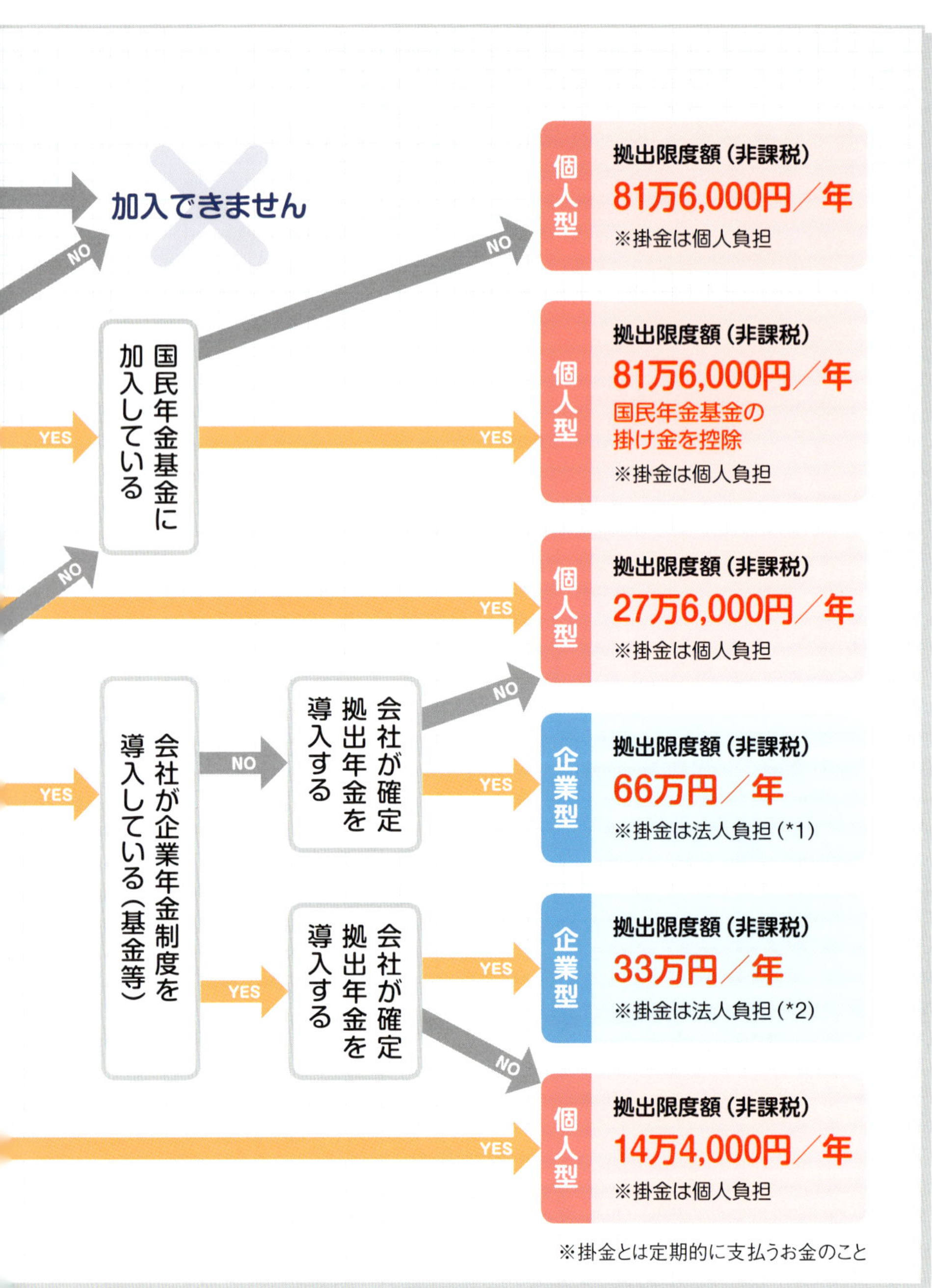
加入できません
NO
NO
国民年金基金に加入している
YES
YES
NO
YES
会社が企業年金制度を導入している（基金等）
NO
会社が確定拠出年金を導入する
NO
YES
YES
YES
会社が確定拠出年金を導入する
YES
NO
YES
個人型
拠出限度額（非課税）
81万6,000円／年
※掛金は個人負担
個人型
拠出限度額（非課税）
81万6,000円／年
国民年金基金の掛け金を控除
※掛金は個人負担
個人型
拠出限度額（非課税）
27万6,000円／年
※掛金は個人負担
企業型
拠出限度額（非課税）
66万円／年
※掛金は法人負担（*1）
企業型
拠出限度額（非課税）
33万円／年
※掛金は法人負担（*2）
個人型
拠出限度額（非課税）
14万4,000円／年
※掛金は個人負担
※掛金とは定期的に支払うお金のこと

あなたはどの401k?

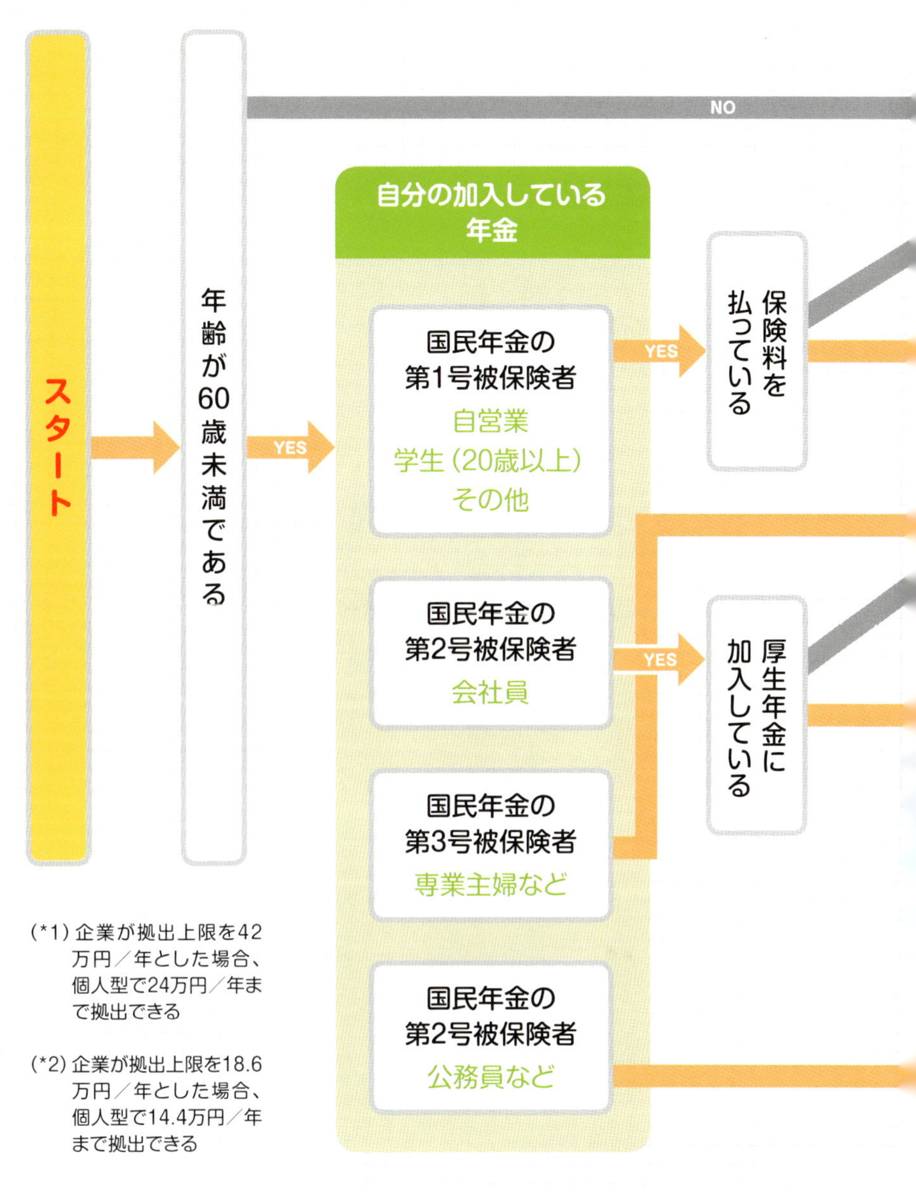

(*1) 企業が拠出上限を42万円/年とした場合、個人型で24万円/年まで拠出できる

(*2) 企業が拠出上限を18.6万円/年とした場合、個人型で14.4万円/年まで拠出できる

加入者の意思で運用する401k

銀行や証券会社などが管理する

401kは、加入者（個人型、企業型）が「運営管理機関」を通じて運用指図を行い、資産を運用していきます。

運営管理機関は銀行や証券会社、保険会社などで、2018年12月現在、219業者が登録されています。

「個人型」の場合は、国民年金基金が選任した機関、「企業型」の場合は企業が選任した機関が運営管理機関となります。

加入者の運用指図によって成り立つ

実際の業務は、元本保証型商品を含めた、リスク・リターンの特性の異なる三つ以上の運用商品（投資信託など）を運営管理機関が選定し、加入者に運用商品の提示と情報提供を行い、加入者からの運用の指図を受けます。

加入者は自分で選んだ商品に、拠出した金額の配分指定（割合の振り分け）や、配分変更（割合の変更）、スイッチング（運用商品の入れ替え）を行い、運用していくことになります。

各運営管理機関は、インターネット上（加入者専用サイト）などで、各商品の運用状況や加入者個人の運用状況などを提供します。加入者はそれらを参考に運用を継続していくのです。

こうしてみるといろいろと面倒なように感じられますが、各運営管理機関とも定期的な運用実績などのお知らせや、加入者専用インターネットサイトで加入者個人の運用状況などを随時提供しているので、取り組みやすくなっています。

用語解説 年金基金

国民年金や厚生年金などの公的年金に上乗せして給付を行う年金制度。また、その運営法人や給付される年金を指す。国民年金基金・厚生年金基金・企業年金基金（基金型企業年金）などがある。

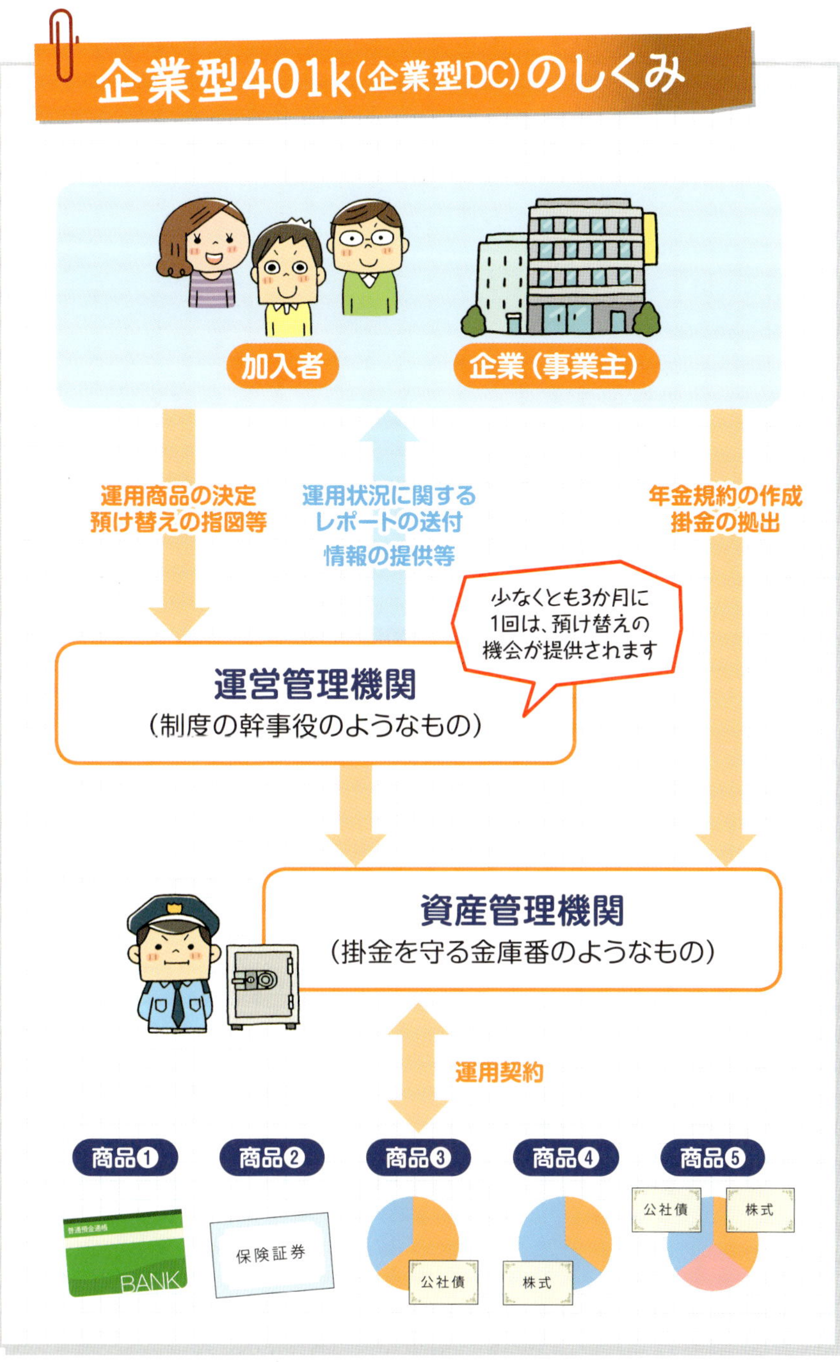
企業型401k(企業型DC)のしくみ
加入者
企業(事業主)
運用商品の決定
預け替えの指図等
運用状況に関する
レポートの送付
情報の提供等
年金規約の作成
掛金の拠出
少なくとも3か月に
1回は、預け替えの
機会が提供されます
運営管理機関
(制度の幹事役のようなもの)
資産管理機関
(掛金を守る金庫番のようなもの)
運用契約
商品❶
商品❷
商品❸
商品❹
商品❺
BANK
保険証券
公社債
株式
公社債
株式

個人型401k(iDeCo)のしくみ

加入者

掛金拠出
加入申出
運用指図
給付金請求
情報提供

掛金引き落とし金融機関

運営管理機関

❶ 加入受付等
- 加入申出の受付
- 変更申出の受付

❷ 運用関係業務等
- 運用商品の選定・提示
- 運用商品の情報提供
- 投資教育

❸ 記録関連業務等
- 加入者の個人情報の記録・保存・通知
- 運用指図の取りまとめ
- 給付の選定

引き落とし
加入書類
委託
運用指図
支払提示

国民年金基金連合会
- 個人型年金規約の作成
- 加入資格審査
- 掛金の収納管理
- 掛金拠出限度額の管理

委託

事務委託先金融機関
- 掛金等の積立金管理
- 給付金の支払い
- 運用商品の購入

売買

商品提供機関

●銀行 ●生命保険会社 ●損害保険会社 ●証券会社 ●その他

PART 3

ベストな運用法を知る!

経済と投資の関係

投資と景気はつながっている

投資は景気に左右される

投資を考えるのにまず必要なのは、「**投資には経済の基礎である景気が関わっている**」と知っておくことです。景気がいいとか悪いとかいいますが、この「景気」こそが、国全体の経済状況なのです。

「好景気」であれば企業の収益が上がり、雇用者の賃金も上がり、消費も活発になり、物価も上昇する、という具合です。このとき、お金は市場にあふれてきます。よって、日本銀行は各銀行に貸し出すお金の金利を上げて、市中の通貨を吸収する政策をとります。

逆に「不景気」の場合、企業の収益は減少し、それにともなって雇用者の賃金も下がり、消費も減退します。このとき、日本銀行は金利を下げて、市中に多くの通貨を流通させようとします。

このように、景気と金利には密接な関係性があり、この関係性が株や債券といった金融商品に影響するのです。

景気によって金融商品の価格は変わる

たとえば「**好景気」で金利が上がれば、株や不動産の価格は上昇する傾向になりますが、債券価格は下落します**（不景気はこの逆）。また為替を見ると、好景気の国の通貨は買われるので、通常、通貨の価値は上がります（円高・円安については75ページ参照）。ただ、一概にそうとはいい切れない側面もあります。

用語解説 日本銀行

日本唯一の中央銀行。政府機関ではなく、認可法人となる。主な役割に、紙幣の発行や公開市場操作などの金融政策がある。

日本銀行の主な役割

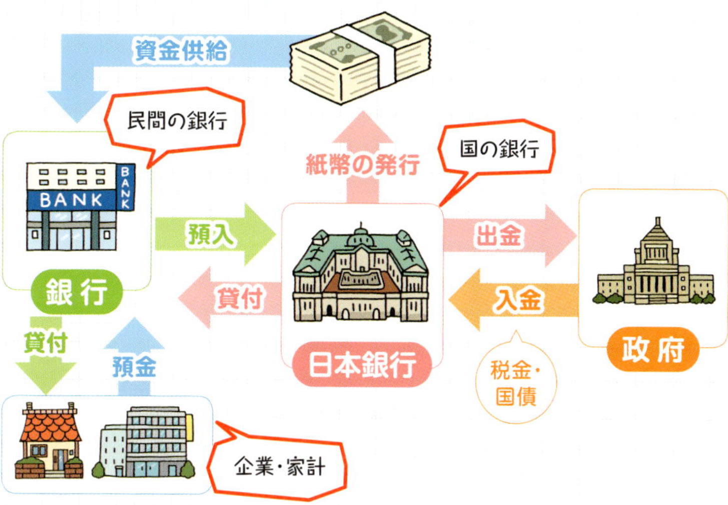

好況のとき

日銀は
市場に出回る
お金の量を減らす

銀行

銀行は企業や家計への
貸出の金利を上げる

通貨量の減少

企業　家計

家計・企業はあまり
お金を借りなくなる

景気の過熱を
抑制する

不況のとき

日銀は
市場に出回る
お金の量を増やす

銀行

銀行は企業や家計への
貸出の金利を下げる

通貨量の増加

企業　家計

家計・企業はお金を
多く借りるようになる

景気を
刺激する

好景気のとき、どうなる？

企業収益アップ！

雇用者賃金アップ！

消費活動が活性化！

物価が上昇！

日銀が金利を上げる！

●景気がいいと金融商品はこう動く

銀行金利（貸出・預入）		金利を上げて通貨の流通量を抑制する
債券価格		債券より金利が高い商品に流れ、債券価格は下落傾向に
株価		好調な企業の株式が買われて上昇
不動産価格		好調な経済を反映して上昇
為替（日本円）		高金利を選好されて円高に。逆に高金利を敬遠されて円安にもなる

※例外もあるので注意！

不景気のとき、どうなる？

企業収益が減少！

雇用者賃金横ばい、もしくはダウン！

消費活動が縮小！

物価が下落！

日銀が金利を下げる！

●景気が悪いと金融商品はこう動く

金融商品	動き	内容
銀行金利（貸出・預入）		金利を下げて通貨の流通量を増大させる
債券価格		安全な債券にお金が流れ、債券価格は上昇
株価		企業の業績低迷にともなって、株価も低迷
不動産価格		不景気な経済を反映して下落
為替（日本円）		低金利を嫌気されて円安に。逆に低金利を利用し買われて円高にもなる

※例外もあるので注意!

投資のやりくりはココから

一つの運用法に集中しない

金融商品は、経済の流れの中でさまざまな影響を受けながら変動しています。よって、それぞれの金融商品の変動特性を活かして投資すれば、運用資産全体の目減りのリスクを軽減できます。また、分散比率を考えて投資すれば、収益率を効率よく上げられます。

たとえば債券だけの投資をしているときに、経済が活性化し、金利が上昇してきたとしましょう。

このとき債券価格は下落するので、債券のメリットが享受できなくなります。ただ、資産の一部を株式投資などに分散していれば、ここでは金利上昇によるメリットを受けられ（株価が上がる）、場合によっては債券の損失分を補うことも可能です。

資産を分散して投資する

金融商品にはさまざまな特性を持った商品があるので、その特性を理解して、より収益を上げられる「組み合わせ」を考えることが重要です。

この組み合わせを「分散投資」といいます。この分散投資を考えるには、次にあげる三つのポイントがあります（次ページも参照）。

①運用商品の流動性
②運用商品の投資リスク
③運用商品の予定収益率

分散投資でリスクを減らす

なぜ「分散投資」がよいのでしょう。

用語解説 リバランス

分散投資において、相場の変動などにより変化した投資配分の比率を調整すること。売却や買い増しによって行う。

分散投資のススメ

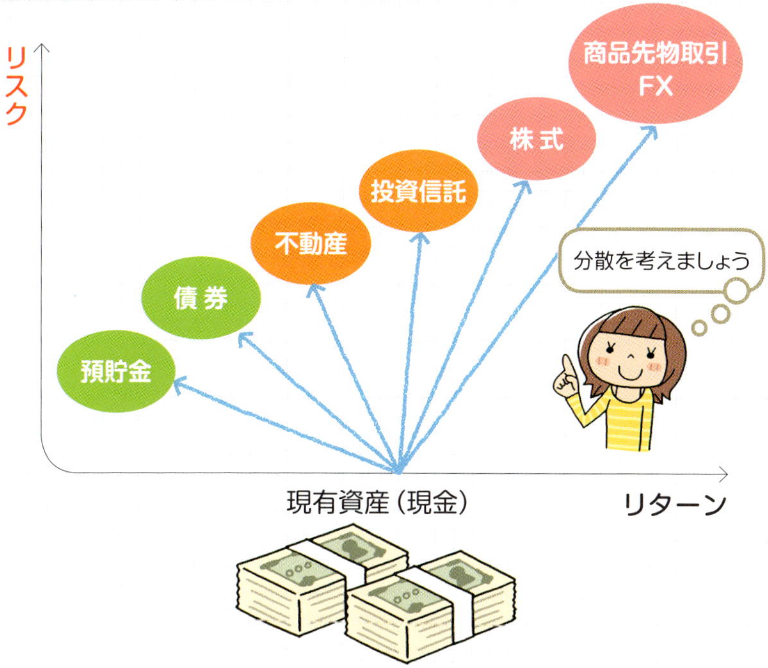

リスク

商品先物取引
FX

株式

投資信託

不動産

債券

預貯金

分散を考えましょう

現有資産（現金）

リターン

分散投資の重要ポイント

1 運用商品の流動性を考える

※流動性とは、運用商品がすぐに現金化できるかどうかです
※たとえば、不動産投資は早い現金化が難しいので、流動性が低いといえます

2 運用商品の投資リスクを考える

※リスクとは、運用商品の損失割合をいいます

3 運用商品の予定収益率（リターン）を考える

※収益率とは、運用商品の年間収益がどのくらいになるかを指します

分散投資のメリット

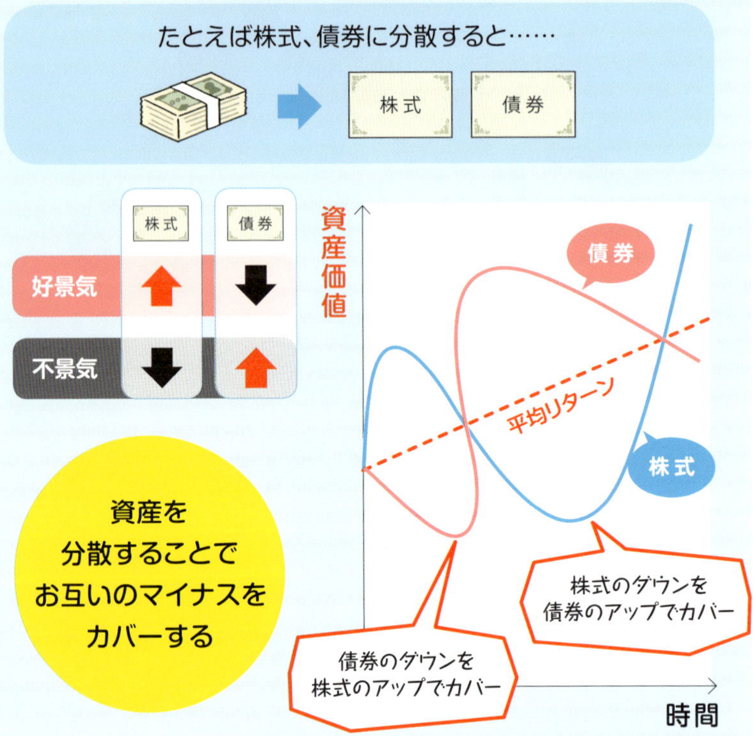

たとえば株式、債券に分散すると……

株式　債券

	株式	債券
好景気	↑	↓
不景気	↓	↑

資産価値

債券

平均リターン

株式

時間

株式のダウンを
債券のアップでカバー

債券のダウンを
株式のアップでカバー

資産を
分散することで
お互いのマイナスを
カバーする

複数の商品に分散投資し、一方の商品が
下落したときに、他方の商品が補完することで
価格変動リスクを抑制

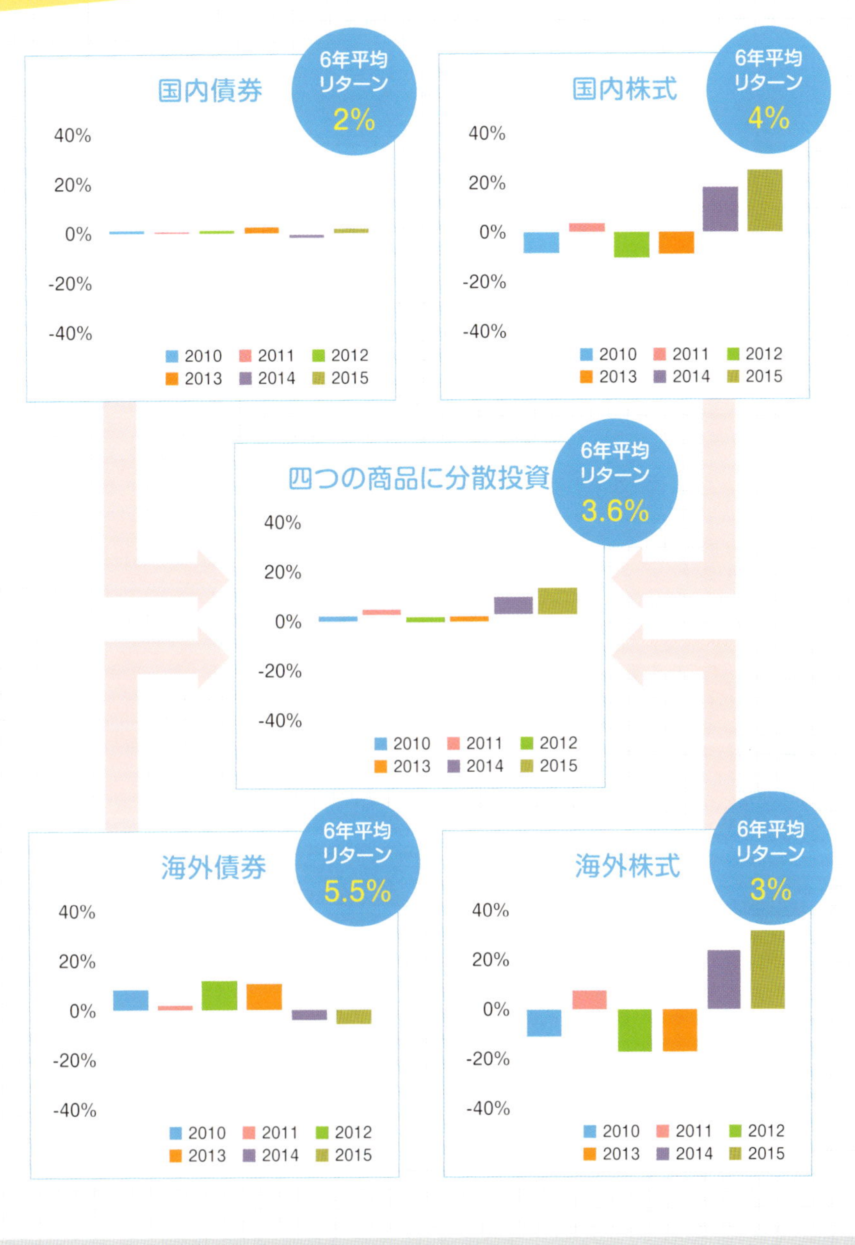

分散投資のケーススタディ
国内債券
6年平均
リターン
2%
国内株式
6年平均
リターン
4%
四つの商品に分散投資
6年平均
リターン
3.6%
海外債券
6年平均
リターン
5.5%
海外株式
6年平均
リターン
3%
40%
20%
0%
-20%
-40%
2010
2011
2012
2013
2014
2015

運用法その1／中・長期向き

「外貨預金」で運用する

おすすめ度 ★★★★☆

預金するのは「円」だけではない

外貨（外国通貨）を活用した代表的な運用法に、「外貨預金」があります。**現在、日本のほとんどの銀行で、外貨預金口座を開設できるようになっています。**

米ドル、豪ドル、ユーロ、南アフリカ・ランドなど、銀行によってさまざまな通貨を扱っています。そして、それぞれの通貨で普通預金、定期預金が設定されています。

取引方法はかんたんです。各銀行で外貨預金口座を開設すればいいのです。

銀行によっては、1000円単位で利用できるので、比較的取り組みやすい投資方法といえるでしょう。

外貨預金のメリット・デメリット

外貨預金のメリットは、**日本円に比べて金利が高いことでしょう。**普通預金金利でも、日本円の場合0・001パーセントのところが、米ドルは0・35パーセントです（みずほ銀行）。さらに南アフリカ・ランドは3・00パーセントと、非常に高くなっています（楽天銀行）。

デメリットはまず、外貨預金には「ペイオフ」が適用されないことです。

また、日本円を外貨に換金しなければいけません。このときに、為替の動向や**各金融機関の換金レート・手数料を考える必要があります。**

金利がいくら高くても、金利以上に為替が変動して損をすることもあり得るのです。

用語解説 ペイオフ

金融機関が経営破綻した場合、預金保険機構によって預金者への払い戻しを保護する制度。保障額には上限があり、1預金者の元本1,000万円までとなっている。

PART 3 ベストな運用法を知る！

円高と円安の関係

10万米ドル

1米ドル90円のときは、10万米ドルのものが
900万円で買える！

（10万米ドル×90円＝900万円）

1米ドル100円のときは、10万米ドルのものが
1,000万円で買える！

（10万米ドル×100円＝1,000万円）

海外では同じ価格でも、
為替が変動すれば安く・高くなる！
1ドル90円は、円の価値が高いから円高！
1ドル100円は、円の価値が下がったから円安！

ということは、100万円は

1米ドル90円

円高

円安

1米ドル100円

11,111米ドルになる

（100万円÷90円＝1万1,111米ドル）

10,000米ドルになる

（100万円÷100円＝1万米ドル）

外貨預金のポイント

外貨で資産をためる感覚

外貨預金は、金利の高さと為替の変動を考えて投資する商品です。短期よりも長期の運用で、**日本円以外の金融資産をためていくという感覚で**取り組むのがいいでしょう。

ＦＸなどの外貨商品と違い、値動きやタイミングで売買するのではなく、円高のときも同じ金額ずつ外貨に交換して積み立てていきます。そうすることで為替レートを平均化する効果が得られるのです。為替の変動をいちいち気にする必要がないので、外貨に交換するタイミングが難しいという人向きです。

とはいえ、為替の変動リスクはあるので、いくつかの通貨でリスクを分散することも有効です。

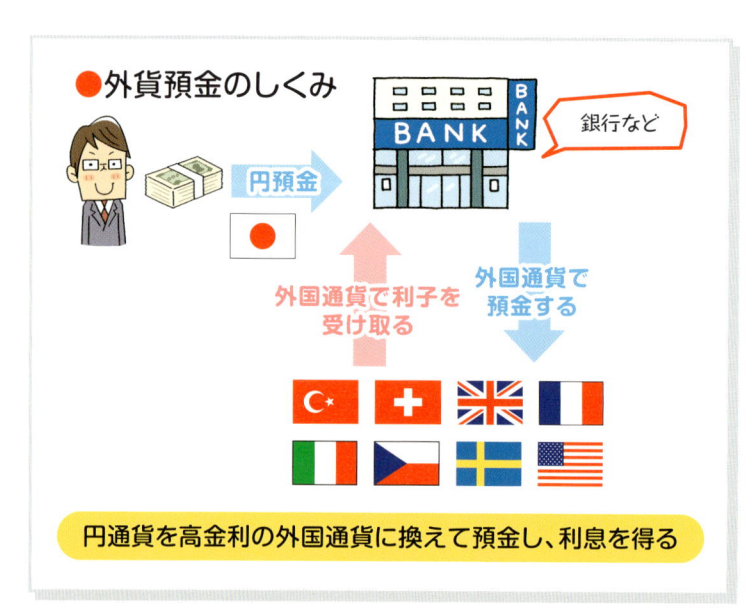

●外貨預金のしくみ

銀行など

BANK

円預金

外国通貨で預金する

外国通貨で利子を受け取る

円通貨を高金利の外国通貨に換えて預金し、利息を得る

用語解説 TTS／TTB

それぞれ「対顧客電信売相場」「対顧客電信買相場」のこと。TTSは、銀行が顧客に外貨を売るとき（円を外貨に交換）に用いる為替レート。TTBは、銀行が顧客から外貨を買い取るとき（外貨を円に交換）に用いる為替レート。

米ドル預金／年利3.15%の場合

A（2009年）のとき、1米ドル=90円で100万円を外貨預金

11,111米ドルの預金となる（1,000,000円÷90円≒11,111米ドル）

円高になったとき

B（2011年）に解約した場合（1米ドル=80円）

金利は、11,111米ドル×0.0315×2年≒700米ドル（金利）
円返還金は、[11,111米ドル（元本）+700米ドル（利息）]×80円
=944,880円（当初の100万円より、5万5,120円の損）

円安になったとき

C（2015年）に解約した場合（1米ドル=120円）

金利は、11,111米ドル×0.0315×6年≒2,100米ドル（金利）
円返還金は、[11,111米ドル（元本）+2,100米ドル（利息）]×120円
=1,585,320円（当初の100万円より、58万5,320円の利益）

利息がなくても、円安になればトクします

※このほか手数料も引かれます

運用法その2／中・長期向き

「債券」で運用する

おすすめ度 ★★★☆☆

金利を受け取れ、満期で投資元本が戻る

債券投資とは、かんたんにいえば、国や地方自治体、企業などが（投資家から）まとまった資金を調達するために発行する証券（借用証書）に投資することです。

それぞれの債券には、償還期間（満期期日）と年金利（クーポン）が設定されています。

債券を購入した投資家は、償還日までは、定められた金利に基づいた利息を受け取り、償還で投資元本を返還されます。

債券は国や地方自治体、日本企業のほか、外国政府や国際機関、外国企業などからも発行され、発行体によって信用度や利率などが異なります。

債務不履行になるとお金が戻らない

債券投資には、大きく2とおりの方法があります。「新発債」と「既発債」です。

つまり、発行体が債券を新規発行するときに購入する方法（新発債）と、証券会社を通じてすでに発行されている債券を買う方法（既発債）です。

債券のメリットは、信用力の高い発行体の債券を買うことで、金利に応じた利金を受け取りながら、償還日には投資資金が戻ってくることでしょう。

デメリットは、発行体の信用状況が低い場合、デフォルト（債務不履行）を引き起こすリスクがあることです。

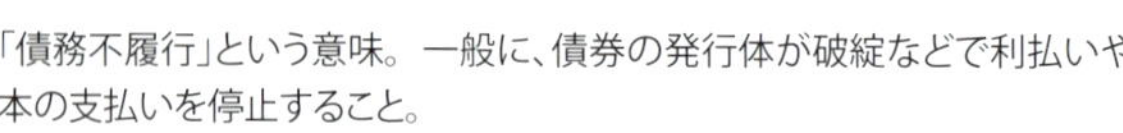

デフォルト

「債務不履行」という意味。一般に、債券の発行体が破綻などで利払いや元本の支払いを停止すること。

債券のしくみ

発行時

証券会社

資金

債券

発行体

- 国や地方公共団体、企業、国際機関などが債券を発行して資金を集める
- 投資家は、保有している間に利息を受け取ったり、債券自体を売買できる

償還時

投資家

証券会社

発行体

- 債券を発行する際に約束した期間に到達すると（満期）、額面金額（償還金）が投資家に返還される

主な債券の種類と特徴

債 券	発行体
国 債	国が発行
地方債	地方公共団体が発行
政府保証債	政府機関が発行
社 債	一般企業が発行
外国債	外国政府や国際機関、外国法人が発行

債券の種類	リターンのしくみ
利付債	発行日から、償還まで定期的（年1回か2回が主）に決められた利息を受け取れる債券。償還時に額面が償還される
ディスカウント債	利率の設定が利付債より低いが、発行時の価格が額面より低く設定されて売り出される債券。償還時には、額面価額で受け取れる
ゼロ・クーポン債	利息が無い債券。発行時には額面より大幅に低い価格で売り出され、償還時には、額面価額で受け取れる

債券投資のポイント

利率をとるか信用をとるか

ポイントは投資対象とする債券の利率と償還期間、発行体(国・地方自治体・一般企業など)の信用リスクを考えることです。

基本的に償還まで保有するようになりますので、投資スパンは中・長期となるでしょう。

利率はその発行体の信用力に比例すると考えてください。

たとえば、日本の国債の利率よりも南アフリカ国債の利率のほうが高いのは、南アフリカより日本のほうが、経済的にも政治的にも信用力が高いからです。**信用力が低いと通常、債券購入者が集まりにくくなるので、利率を高く設定しているのです。**

●債券投資のメリット・デメリット

◆メリット

国内債券	価格変動のリスクが低い(償還まで保有した場合)
	銀行金利より高めの利回り
	利回りや満期が確定している
	少額(1万円)から投資できる
外国債券	国内債に比して表面利率が高い
	為替の差益を狙える
	日本のインフレの影響を受けない

◆デメリット

国内債券	購入できる種類がかぎられている
	社債の発行体(企業)が倒産した場合、元本は戻らない
	個人の流通市場が未成熟で売買しづらい
	社債の場合、100万円程度からが多い
外国債券	為替の変動により、元本割れのリスクがある
	発行国等の政情により、債務不履行(デフォルト)のリスクがある

用語解説 債券の売買

購入した債券を売ったり、すでに発行されている債券(既発債)を買ったりすること。新規の債券を購入する市場を「発行市場」、売買する市場を「流通市場(二次市場)」と呼ぶ。

債券と貯金の比較

第25回
個人向け国債5年
100万円
利率0.33%

利息は各年、
7月と1月に1,650円ずつ
1,650円×10回=16,500円

※1,000,000×0.0033÷2=1,650

5年後償還
100万円

＋
利息
16,500円

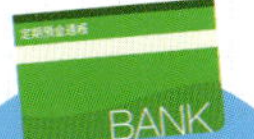

銀行定期預金
5年
100万円
利率0.2%

各年1回の利息（2,000円）
2,000円×5回=10,000円

※1,000,000×0.002=2,000

5年後満期
100万円

＋
利息
10,000円

●主な債券

	最低投資額	期間	年利
個人向け国債3年	1万円～	3年間	0.05%（税引前）
個人向け国債5年	1万円～	5年間	0.05%（税引前）
個人向け国債 変動10年	1万円～	10年間	0.05%（税引前） 半年ごとに 金利見直し
国内S社　社債	100万円～	6年間	1.57%
米国5年国債	1,000米ドル～	5年間	2.75%
豪ドル建て T社債	1,000豪ドル～	3.5年間	2.31%

※過去の新発債等を含めた例となります（2019年1月現在）

「株式」で運用する

運用法その3／短期向き（売買で）・中・長期向き（配当で）

おすすめ度 ★★★☆☆

証券会社を通じて取引する

株式投資とは、一般的に証券取引市場に上場している企業の株を売買することです。日本の主な証券取引市場は、東京証券取引所（東証）一部・二部、ジャスダック・マザーズ（新興市場）のほか、大阪・名古屋・福岡・札幌にもあります。各市場ともだいたい、土日祝日を除く9時から15時まで株式の売買が行われており、その価格は翌日の新聞などに掲載されています。

投資家は「証券会社」を通して、お目当ての企業の株を売買します。取引外の時間でも注文は可能です。

なお、株式では主に、以下で紹介する2とおりの収益を得る方法があります。

株には二つの儲け方がある

一つは株価の値上がりを期待して**株を売買して利益を得る方法**（キャピタルゲイン）です。

もう一つは投資した企業の業績アップを期待して一定期間、その**企業の株を持ち続け、企業からの配当や株主優待などを受け取る方法**（インカムゲイン）です。

キャピタルゲインは日々変動する株価の値上がりを狙うので、「短期投資」が主流となります。

一方でインカムゲインは、年に1度か2度の決算期に、事業における企業の収益から「配当」を受け取るので、「中・長期投資」となります。

用語解説 株主優待

企業が自社の株式を保有している株主に対して、自社の製品やサービスをお礼として贈るもの。その企業のホームページなどから内容を確認できる。

株はどうやって取引される?

株主となれば、

❶株主総会での「議決権」が得られる(会社の方針等の可否を投票できる)

❷会社の収益の一部を「配当」として受け取れる

❸企業の「株主優待」などが受けられる

●2とおりある投資方法

A社はこれから
どうなるのだろう?

1 **株価の値上がりを期待して「売買」で利益を得る**
(キャピタルゲイン、86~87ページ参照)

2 **会社の成長に期待して株主となり、「配当」や「株主優待」を受ける**
(インカムゲイン、88~89ページ参照)

株式をはじめるときに必要なこと

口座開設は決して難しくない

株式をはじめるにはまず、証券会社に口座を開設しなければなりません。

口座開設は、証券会社の店頭やインターネット、または金融商品仲介業者を介してなど、さまざまな方法があります。どれも難しくないので都合のいい方法で開設しましょう。

銘柄と数量、注文方法を確認する

証券会社に口座を設け、投資金を証券会社に振り込めば、売買をはじめられます。

インターネット口座で売買する場合、自ら銘柄や数量（金額）を入力しますが、店頭や金融商品仲介業者などを通した取引なら、電話など口頭で注文します。

注文時にとくに大切なのは次の四つです。

①取引市場と銘柄が正しいか確認する
②買い付ける数量を確認する
③売買の注文方法を確認する
④売買注文の期間を確認する

①は「東証一部上場の○○会社」となります。

②は100株単位になります。株は通常、1株ずつではなく、まとまった数の単位（**単元株**）で売られます。

③は主に「成行(なりゆき)注文」か「指値(さしね)注文」のどちらかになります（次ページ参照）。

④は「指値注文」の場合、いつまで注文を出すのか決めることです。

用語解説 **単元株**

市場で取引（売買）する際に必要な最低株数。１単元となる一定株数は、以前は上場している企業によって異なっていたが、100株単位に統一された。

株の注文方法

指値注文

○○円で買う!

成行注文

いくらでも
いいから買う!

指値注文		成行注文
●「自分の希望する価格で売買したいとき」に使う ●売買したい価格を指定して注文する	注文の違い	●「価格にこだわらず、すぐに売買したいとき」に使う ●売買する価格を指定しない
希望した価格で売買できる	メリット	ほぼ確実に売買が成立する
希望した価格にならなかった場合、売買が成立しないことがある	デメリット	自分が思ってもみなかったような値段で、売買が成立することがある

●注文のときに必要なのはこれ

売買注文

- 銘柄名と証券コード
- 取引市場
- 売り注文か買い注文か
- 証券口座の種類
- 売買株数
- 注文方法は指値か成行か
- 指値の価格はいくらか
- いつまでの注文か(本日中か今週中か)

伝え間違いや
入力ミスに注意!

株式の「売買」で儲ける

安く買って高く売るのが難しい

「株を売買して利益を上げるポイントは何ですか？」という質問をよく受けますが、株式にかぎらず、投資の基本は、「安い値段で買って、高くなったところで売る」ことです。「そんなの誰でも知っている！」と思われるでしょうが、この〝知っていること〟の実践がじつは難しいのです。

たとえ株価が安くても、それが業績の悪い企業だったら、上昇する要因がないので、いつまでたっても儲かりません。反対に、株価が高くても業績がよく、事業に伸張性がある企業の株式なら、この先20～30パーセント上昇することもままあります。

このように、株式の売買で儲けるには、つねに株価をチェックするだけでなく、その企業の業績や今後の展望、取り巻く経済環境といった、さまざまな要因を分析しなければなりません。まさにプロの世界です。

株式売買による収益

株式を売買するには「株価」に「単元株」を掛けた金額が必要となります。

たとえば、証券コード（9531）の東京ガスの株価が2500円で、100株が売買単元となっていたら、2500円×100株で、少なくとも25万円（プラス手数料）が必要になります。仮にこの株価が3000円に上昇して売却したとします。30万円での売却なので5万円の利益、単純利回りが20パーセントとなります（手数料・税金含めず）。

用語解説　証券コード

証券取引所に上場している株式の銘柄ごとに付けられた番号や記号。4桁の番号が割り振られており、上1桁の数字はその企業の業種を示している。

売買で値上がり益を狙う

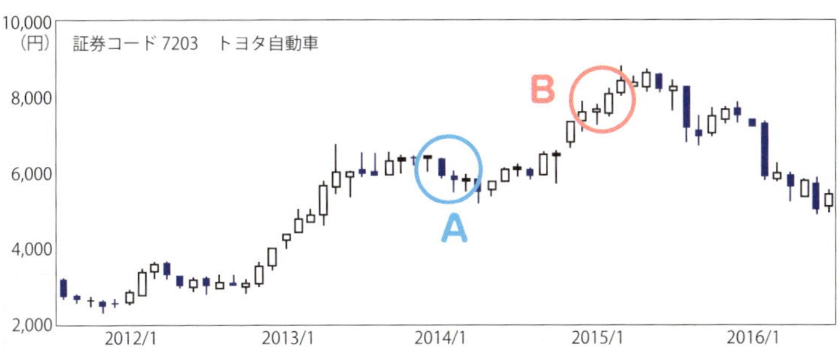

※チャートはYAHOOファイナンスHPより

上記チャートのトヨタ自動車を2014年1月に100株買った場合

A（1株6,000円）のとき、100株（単元株）購入した場合

投資額は、6,000円×100株=600,000円（別途手数料加算）となる

B（1株8,000円）のとき、保有株100株を売却した場合

8,000円×100株=800,000円（別途手数料減算）となり、
利益は200,000円となる（手数料・税金を除く）

単純に1年間の利回りは……
200,000円（粗利益）÷600,000円（初期投資純額）×100=33.3%

株式の「配当」で儲ける

配当とは投資家に支払われる収益

株式投資には売買のほかに「配当」による収益追求の方法があります。

「配当」は、業績に応じて企業が収益を株主に分配するもので、収益がなかったり業績の下がっている企業では、原則、配当はゼロか少額になります。

さらに配当の目安となる基準に「配当性向」という指標があります。これは、企業がその期の純利益から、配当金をどのくらい支払っているかをパーセンテージで表したもの。配当を目的に投資する指標として活用できます。

安く購入したほうがトク

たとえば、証券コード（７２０３）のトヨタ自動車を見てみます。２０１４年４月の株価は６０００円くらいでした。このとき、最低単位である１００株を購入したので60万円（プラス手数料）の投資です。

16年までに1株当たり合計４１０円の配当があり、つまり2年間で4万１０００円受け取っています（４１０円×１００株）。これは単純に年間約３・４パーセントの利回り（43ページ参照）になるのです。

この利回りを「配当利回り」といいます。買うタイミングによって利回りは変わるので、売買のときと同様、**できるだけ安い値段で購入するに越したことはありません。**

ただし、株式投資は、売買・配当いずれにしても、さまざまな分析や知識が必要になるので、決してやさしい運用法とはいえません。

用語解説 配当性向

配当金の支払いの妥当性を評価する指標の一つ。当期純利益（EPS）のうちの配当金支払額をパーセンテージで表す。この数値が低いほど利益処分に余裕がある。適正値は20〜30パーセント。

配当を目当てに考える

Aの1株6,000円のときに、100株を購入し保有

Bでは1株5,600円付近で株価は推移

売買した場合

5,600円−6,000円＝
−400円×100株＝

▲40,000円の損失となる

2014年11月から2016年6月まで4回、
配当金が支払われている
1株の配当金の合計額は410円（75円+125円+100円+110円）

100株保有しているので、410円×100株
＝**41,000円（税抜）の配当金を受け取れる**

単純に投資額60万円に対しての1年間の利回りは……
41,000円（税込配当金）÷600,000円×100÷2年＝3.42％

運用法その4／中・長期向き

「投資信託」で運用する

おすすめ度 ★★★★★

専門家に運用を任せる

投資信託（ファンド）は「**多くの投資家から集めたお金をひとまとめにして、運用の専門家（ファンドマネージャー）が株式や債券などで投資・運用する商品**」のこと。その運用から得られる利益を、それぞれの投資家の投資額に応じて分配するしくみです。

主に証券会社・銀行・郵便局・金融商品仲介業者などの販売会社を通じて販売されます。

手間をかけずに運用できる

投資信託は、販売・運用・資産の保管をそれぞれ行う専門機関から成り立っている金融商品です。

「販売会社」は、運用会社が組成した（作った）投資信託を投資家に販売します。

「運用会社」は運用方針に沿って収益を目指した運用を行います。その運用資産の管理は「信託銀行」が行います。

要は金融市場のあらゆる商品を対象に、運用の専門家が運用方針や収益予測に基づいた商品を開発します。それを販売会社がより多くの投資家に投資してもらい、収益を目指していく金融商品です。

ほかの運用法のように、投資家自身が運用方針や手法を考える必要はありません。専門家の運用をもとに株式や債券などに投資できるので、ほかの商品とくらべて**手間や費やす時間がかからない運用法でもあります**。

用語解説 基準価額

いわゆる投資信託の日々の時価評価額。投資信託が組み入れているすべての資産を時価評価したものから諸経費を引いた金額。1万口単位の基準価額が公表される。

投資信託のしくみ

個人投資家

投資資金 ↓　運用状況の報告 ↑　分配金・償還金 ↑

販売会社

投資資金 ↓　分配金・償還金 ↑

運用会社
ファンドマネージャーがいる

運用の指示 ↓

受託会社　信託銀行

投資 ↓　配当・運用益など ↑

株式市場・債券市場など

●投資信託の口数計算　※投資信託は口数をもとに計算します（口数は小数点以下切り上げ）

購入時

基準価額÷10,000＝1口当たりの基準価額（A）
購入金額÷（A）＝購入口数
※購入金額÷（基準価額÷10,000）＝口数　でも可

売却時

基準価額×売却口数÷10,000＝返還金額
※基準価額÷10,000×売却口数＝返還金額　でも可

中・長期で運用する

ほかの運用法よりリスクが少ない

投資信託ではまず、運用する期間を考えることが大切です。投資信託は、「専門家」が運用方針を定め、運用率を高められるように、株や債券などに分散投資するもの。よって、短期的に値上がり益を狙うものではないことを理解しましょう。

当然、投資の手段によって損得はありますが、中期から長期の運用を通して、リスクの平準化（平均化）を図りながら、収益を目指すという考え方になります。

期間と収益率を決めておく

投資をはじめる前に最低でも次の2点はご自身で決めておきましょう。

①運用期間を設定する

3年から10年が理想です。

②年間の想定収益率を決める

5～20パーセントの利回りが妥当です。

また、相談先も事前にリサーチしておいたほうがいいでしょう。

たとえば銀行や証券会社等の窓口で相談する、ファイナンシャル・プランナーやインターネットを活用するなどがあります。

初心者であれば、人から直接説明を受けたほうが理解しやすいでしょう。疑問に思うことや手数料、税金などのことまで何でも質問できるので、なるべく対面での相談をおすすめします。何より生の情報を聞けるので有益です。

用語解説 リスクの平準化

突出した危険性を回避するために、時間の効果や分散の効果を活用して、不均衡をなくすこと。

投資信託は中・長期のほうがトク

2011年1月、上記ファンドをAの基準価額6,248円で
100万円買い付けた場合
買い付け口数は、1,600,513口となる

6,248円÷10,000=0.6248となり、1,000,000円÷0.6248≒1,600,513口（小数点切り上げ）
※手数料等含めず

●2011年〜13年（2年間）の運用

Bの基準価額、9,645円でファンドを売却

9,645円×1,600,513口÷10,000=1,543,695円（手数料・税金は含めず）

利益は543,695円、2年間の想定利回りは、27.1%となる
（543,695円÷2年÷1,000,000円×100=27.1%）

分配金まで含めると
中・長期が有利かも！

●2011年〜15年（4年間）の運用

Cの基準価額、12,234円でファンドを売却

12,234円×1,600,513口÷10,000=1,958,068円となる（手数料・税金は含めず）

さらに期間中の分配金が、
13年8月に2,253円、14年2月に2,796円と2回分ある
合計5,049円の分配金なので、
5,049円×1,600,513口÷10,000=808,099円（税金は含めず）を受け取っている

ファンドの運用を継続していても、4年間の想定利回りは20.2%となる
（808,099÷4年÷1,000,000円×100=20.2%）

投資信託のメリット・デメリット

まとめて買うか積み立てるか

投資信託には、大きく二つの利用法があります。

一つは、まとまった資金を投資していく方法。これは最低1万円からできます。

もう一つは、毎月一定額を積み立てて投資していく方法（投信累積投資）です。これは「ファンドるいとう」というしくみで、株式投資でも行える投資方法です。こちらの最低投資額は1000円と、手軽にはじめられます。

自ら銘柄を選ばなくていい

投資信託は、投資の専門家であるファンドマネージャーなどが、運用方針に沿って分散投資しながら、収益を上げるようにするものです。よって自ら銘柄を選ぶ手間や労力はかかりません。

また株・債券・不動産など、あらゆる対象に投資できます。

「運用」なので損することも

現在、国内で設定されている公募投信は約6200本。これらすべてが好運用ではありません。運用実績が悪いものもたくさんあります。

運用商品を選ぶ際には、サイトの売れ筋（おすすめ）投信のランキングをもとにして、実際に証券会社やファイナンシャル・プランナーなどに相談するのがベストといえるでしょう。

さらに、運用には販売手数料や信託報酬などのコストがかかることも忘れずに。

用語解説 るいとう

毎月一定金額で株式や投資信託を積立購入するしくみの商品。当初は「株式累積投資制度」の略称だったが、現在では「投信累積投資（ファンドるいとう）」もある。

投資信託にかかる主なコスト

コスト	発生する時期	徴収方法	目 安
❶ 購入時手数料	購入時	購入時に投資金から直接支払う	0（無料）～5.25%
❷ 信託報酬	保有中	信託財産から間接的に支払う	年率0.4%～2.5%
❸ 信託財産留保額	売却時	返戻金から直接支払う	年率0～0.5%

1 投資信託を購入する際にかかります

この手数料は、銀行や証券会社など「販売会社」に支払います。
支払額は**申込価格の数パーセント分**です
ファンドや販売会社によっては、この**費用がない「ノーロード」**という投資信託もあります

2 保有時にかかる「運用管理費」です

この手数料は「運用会社」「販売会社」「信託銀行」それぞれに分けて支払われます
投資信託の残高に応じて**年率数パーセント分**と決まっており、毎日資産から差し引かれます
少なくとも信託報酬の率よりも運用実績の高いファンドを選ばないと、利益になりません

3 売却する際にかかります

厳密にいえば手数料とは異なりますが、**解約する際に差し引かれる**という点で注意が必要です

運用に必要な言葉とその意味

①目論見書（もくろみ）

投資信託を購入する際に必ず交付される書類。投資家向けに投資判断の基準となる情報が載っています。

具体的には、ファンドの目的や特色、投資のリスク、運用実績、手続きのしかた、手数料などの諸費用等が記されています。

②分配金

「分配金」とは、投資家から預かった資金を運用し、生み出された利益の一部を決算ごとに投資家に還元するお金です。

③普通分配金・特別分配金

「普通分配金」とは、個別の元本を上回っている部分（利益）から分配されるお金です。配当所得として課税されます。

「特別分配金」とは、個別の元本を下回る部分から支払われる分配金です。投資元本を取り崩して支払われます。取り崩した分は非課税です。分配金は、元本を取り崩して支払われるため、実際にはトクしないことも。

④償還

投資信託の信託期間が終了し、受益者（投資家）に金銭を返還することです。

なかでも「定時償還」は、信託期間が満了して償還されるものです。

一方「繰上償還」は、信託財産の減少などによって運用が続けられないなどの事情から、信託期間前に運用が終了して償還されるものです。

用語解説　単位型と追加型

単位型投資信託は、決められた期間内でしか買うことができない投資信託。
追加型投資信託は「オープン型」とも呼ばれ、信託期間中はいつでも自由に買い付け・解約ができる投資信託。

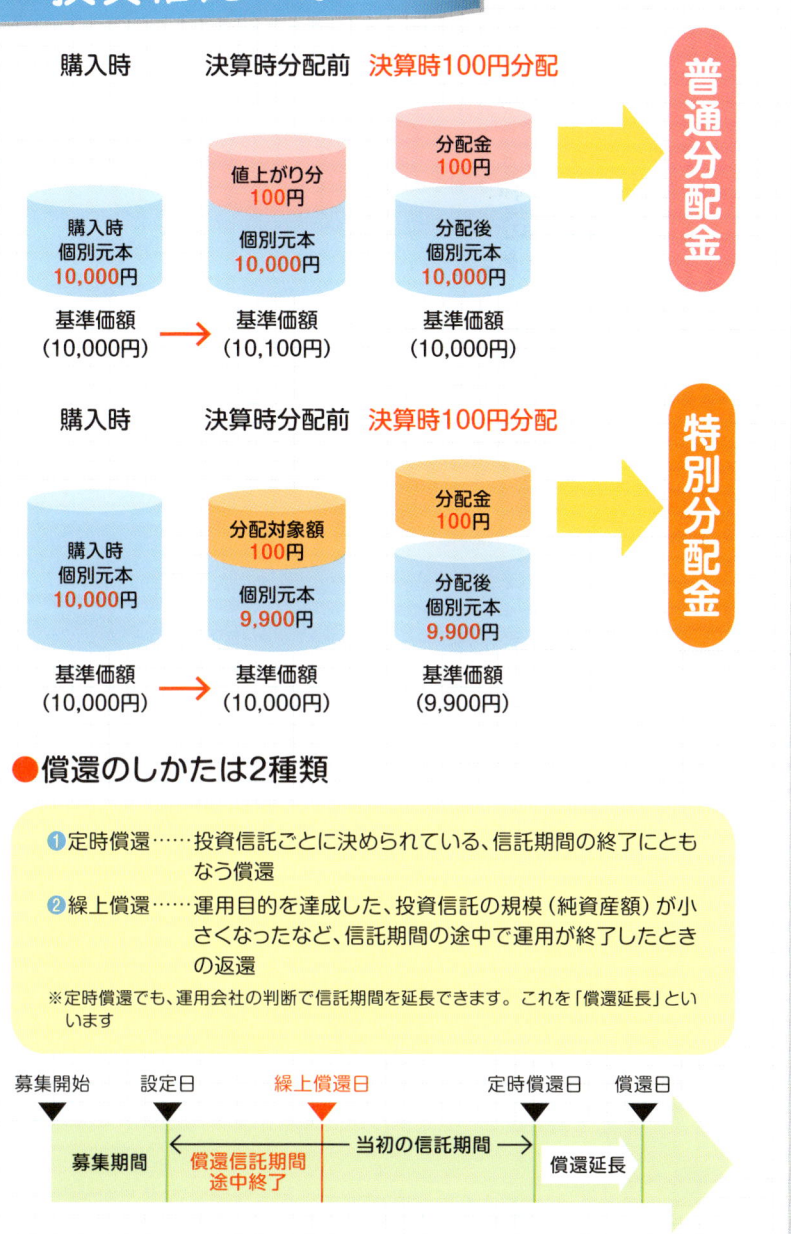

投資信託の分配金

購入時	決算時分配前	決算時100円分配	
購入時 個別元本 10,000円	値上がり分 100円 / 個別元本 10,000円	分配金 100円 / 分配後 個別元本 10,000円	普通分配金
基準価額 (10,000円) →	基準価額 (10,100円)	基準価額 (10,000円)	

購入時	決算時分配前	決算時100円分配	
購入時 個別元本 10,000円	分配対象額 100円 / 個別元本 9,900円	分配金 100円 / 分配後 個別元本 9,900円	特別分配金
基準価額 (10,000円) →	基準価額 (10,000円)	基準価額 (9,900円)	

●償還のしかたは2種類

❶定時償還……投資信託ごとに決められている、信託期間の終了にともなう償還

❷繰上償還……運用目的を達成した、投資信託の規模（純資産額）が小さくなったなど、信託期間の途中で運用が終了したときの返還

※定時償還でも、運用会社の判断で信託期間を延長できます。これを「償還延長」といいます

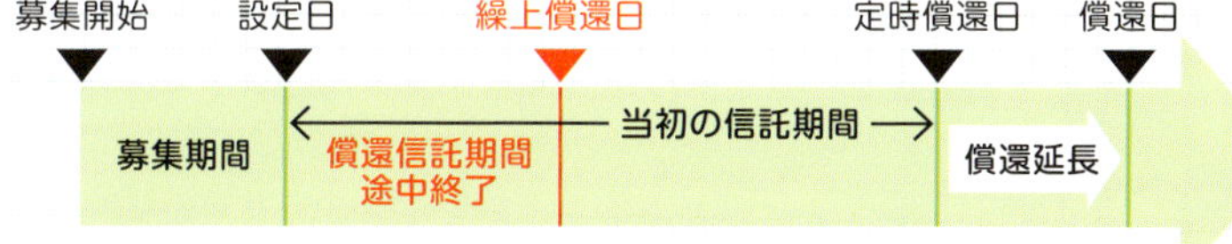

PART 3 ベストな運用法を知る！

投資信託の運用方式

ファミリーファンドとファンド・オブ・ファンズ

投資信託の運用には、次の2とおりの方法があります。

一つは「**ファミリーファンド方式**」です。これは、複数の投資信託（ベビーファンド）の資金をマザーファンドに集めて運用する方法です。投資家はベビーファンドを購入します。このベビーファンドを運用する主体（マザーファンド）は同じですが、各々のベビーファンドは、マザーファンドに対する投資の割合が異なります。

もう一つは「**ファンド・オブ・ファンズ方式**」です。これは複数の投資信託に投資して運用する方法です。いろいろな会社の投資信託で運用できますが、株式や債券には運用できません。

インデックス型とアクティブ型

さらに投資信託は、インデックス型とアクティブ型に分けられます。言い換えると「平均と集中」でしょうか。

「**インデックス型**」は、株価平均や指数平均など、各運用商品の平均値に即して運用していく投資方針です。

一方「**アクティブ型**」は、収益が上がっている対象に、積極的に投資を集中させていく方法です。投資対象の入れ替え等を機動的（アクティブ）に行う運用方法となります。

なお初心者には、「ファンド・オブ・ファンズ方式」の「インデックス型」がおすすめです。

用語解説 **株価指数**

株式市場全体の値動きを総合的にとらえて表示するために用いられるもの。複数の銘柄の株価を一定の計算方式により指数化して公表している（日経225／TOPIXなど）。

ファンドの主な運用方式

●ファミリーファンド方式

・大きな資産で投資効率も上がり、手数料も安くなる

・一つのファンドに偏るので、それが下がったときのリスクも大きい

●ファンド・オブ・ファンズ方式

・いろいろなファンドに投資するので、分散投資効果が高く、リスクを低減できる

・複数の投資信託の選択を行う手間が省ける

・信託報酬が二重にかかるなど、コストが上がる

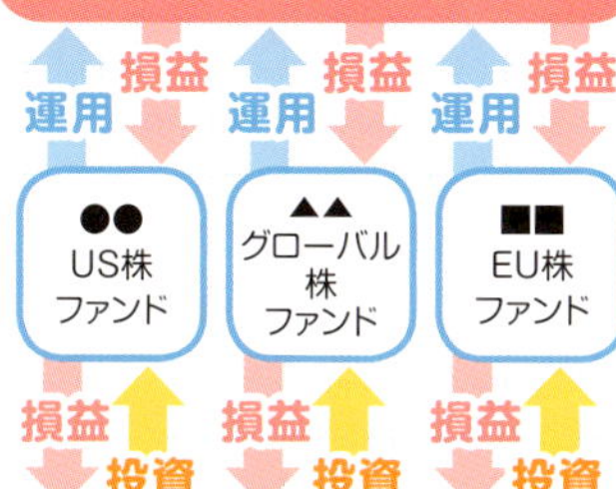

運用方法	運用の基準とするもの	特 徴
アクティブ型	ファンドマネージャーの独自判断	プロの運用手腕にお任せ
インデックス型	日経平均や株価指数などに連動	平均株価や指数に依存

●ファンド・オブ・ファンズ方式のインデックス型のとき

・さまざまな指数などに分散投資できるので、比較的安定した運用ができる

・手数料（コスト）は高くなるおそれがある

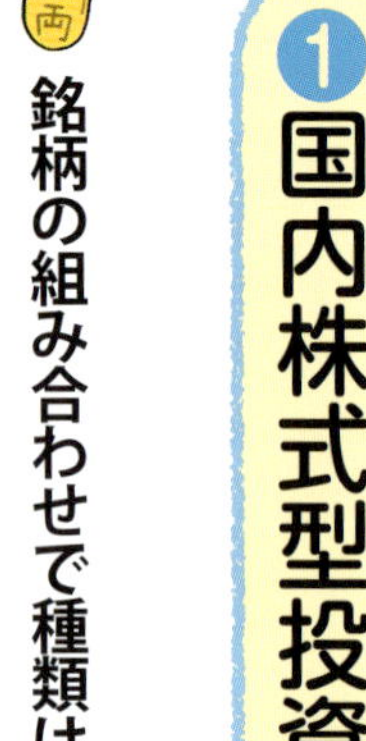

①国内株式型投資信託

銘柄の組み合わせで種類はさまざま

「国内株式型投資信託」は、日本の証券取引所に上場している株式を対象にしています。

国内の株式でも、大型株・中小型株といった「規模型」、バイオ関連株などの「テーマ型」、割安銘柄に注目した「バリュー型」、今後の成長が見込める企業の株を選定する「グロース型」、日経平均株価採用銘柄やTOPIXに連動させる「インデックス型」があります。さらに、株価や指数の方向を予測する「ブル型」「ベア型」もあります。ブル型は上げ相場狙い、ベア型は下げ相場狙いとなります。

このように、運用する株式の銘柄や方針の異なる商品が設けられています。

国内株式型投資信託の特徴	
運用内容	主に日本国内の株式に投資するファンド
主な投資方針	●日経225連動型、TOPIX連動型など、インデックス型 ●株の種類や株価などに合わせて運用する、アクティブ型 ●大型株、中小型株、テーマ型、ブル型、ベア型、好配当型、バリュー型、グロース型など
主な長短所	●インデックス型は、購入コストが安めに設定されている ●運用次第で高リターンが期待できる ●価格変動が大きく、期待に反して損をする危険もある
主な商品例	「野村インデックスファンド・TOPIX」 「ニッセイ日経225インデックスファンド」 「三井住友・日本株オープン」「日興エコファンド」など

初心者おすすめ度
★★

用語解説 TOPIX

正式には「東証株価指数」。東証一部上場の全銘柄を対象とし、1968年時点を100としてそれ以降の時価総額を指数化したもの。

②国内債券型投資信託

株式よりも安定している

「国内債券型投資信託」は、国内の債券を投資先として運用するものです。

主に「公債(国債・公債・地方債)」を運用先とするものや、企業が発行する「社債」などを運用先とするものがあります。

また債券型の中にも、NOMURA-BPI総合(債権市場の動向を反映した指数)に連動させるインデックス型の投資信託もあります。

債券型は株式型に対して**価格の変動幅が少なく、比較的安定した投資信託**といえますが、金利の動向や発行体(国や地方公共団体、一般企業など)の信用のリスク(倒産)などもあります。

国内債券型投資信託の特徴

運用内容	主に日本国内の債券に投資するファンド
主な投資方針	日本国債型、物価連動債型、公共事業債型、国内社債ブレンド型、NOMURA－BPI総合指数連動インデックス型
主な長短所	●価格の動きが小さく安定している ●金利が上がっている状況では、債券価格が下落する ●社債の場合、企業の信用リスク(倒産)がある
主な商品例	「DLIBJ　公社債オープン」「日本公共債ファンド2020」 「ダイワ日本国債ファンド」 「SMT国内債券インデックス・オープン」など

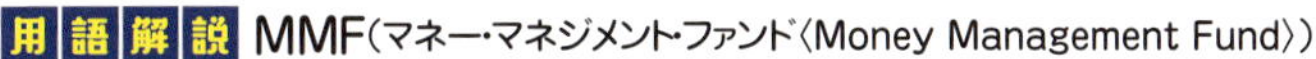

MMF(マネー・マネジメント・ファンド〈Money Management Fund〉)

極めて安全性の高い債券を中心に投資信託として運用。30日以内に解約すると手数料がかかるが、MRF(40ページ参照)よりも高金利が期待できるのが特徴。

③海外株式型投資信託

為替の影響を受けやすい

日本国内の株式ではなく、欧米など外国の証券取引所に上場している株式を運用先とする投資信託です。

国内株式型と同様、運用手法はさまざまですが、海外の株式を運用先とするので、**運用先の国の通貨との為替の影響で、収益が増減するのが特徴です。**

また投資先の国や地域が多岐にわたる場合、主に基準の通貨が米ドルとなるため、日本円と米ドルだけではなく、運用先の国の通貨と米ドルとの関係も重要となってきます。

なお、海外株式型にも「インデックス型」があります。米国のダウジョーンズ指数などの株価指数が運用指標になります。

海外株式型投資信託の特徴	
運用内容	主に海外市場で上場されている株式に投資するファンド
主な投資方針	●米国、オーストラリア、中国、スイス、インドなどの単一国型 ●米国、欧州、アジア、オセアニア、中南米、アフリカ、中近東、新興国（エマージング）など、10地域で投資する地域型 ●単一国を組み合わせるブレンド型、テーマ型 ●アクティブ型とインデックス（ダウジョーンズ指数平均等）型
主な長短所	●高リターンが期待できる ●海外株なので、為替の変動リスクがある ●中近東などの場合、政情不安などのリスクがある ●海外企業の信用リスク（倒産）がある
主な商品例	「アジア・オセアニア好配当成長株オープン」「US成長株オープン」 「インド内需関連株式ファンド」 「MHAM外国株式インデックスファンド」など

初心者おすすめ度
★

用語解説 ダウジョーンズ指数

ダウジョーンズ社が米国のさまざまな業種の代表的な銘柄を選出し、平均株価をリアルタイムで公表する指数。「ダウ工業株30種平均」が有名。

④海外債券型投資信託

投資国の政情にも注意

海外の国債や公社債、社債などで運用される投資信託です。

国内債券型との大きな違いは、海外市場の債券で運用するので、海外株式と同様、為替変動による影響を受けやすいということです。

また、新興国（エマージング）の債券などで運用されている場合、その国の政情や財政状況などの影響を受けるおそれがあります（地政学的リスク）。投資対象の国や地域の事情を考えて投資しなければなりません。

海外の債券は日本国内の債券に比べて、利回りのよいものがたくさんありますが、**為替や地域情勢などのリスクも高いと認識しましょう。**

海外債券型投資信託の特徴	
運用内容	海外の国債・公社債・社債に投資するファンド
主な投資方針	●ソブリン債（米国債、世界銀行債などの高格付け債券） ●エマージング債（ブラジル、南ア、中国などの中格付け債券） ●ハイ・イールド債（米国やその他の国の格付けが低い債券）
主な長短所	●高格付け債券では安定的な運用が可能 ●日本に比べて高金利での運用が見込める ●為替変動によるリスクがある ●国や地域によっては政情不安のリスクがある ●信用度の低い社債の場合、倒産のリスクがある
主な商品例	「米国国債ファンド」「三菱UFJユーロ債券オープン」 「インド債券ファンド」「グローバル・ソブリン・オープン」など

初心者おすすめ度
★★★

用語解説 地政学的リスク

ある特定の地域が抱える政治的・軍事的な緊張の高まりが、地理的な位置関係により、その特定地域の経済、もしくは世界経済全体の先行きを不透明にするリスクのこと。

⑤不動産投資信託（REIT〈リート〉）

分配金が高くて安定

REIT（Real Estate Investment Trust）とは、不動産投資信託、または不動産投資法人を表します。

多くの投資家から集めた資金を投資法人が不動産等に投資し、そこから生じる**賃料や売却益を、投資家に配当（分配）する**というしくみです。

要は、不動産を対象に投資をする投資信託で、不動産の対象によって「国内REIT型」「海外REIT型」「国内外REIT型」など、多くの種類があります。

REITはおおむね**分配金が高いとされているのが特徴です**。この分配金の高さが近年、人気を集めているようです。

不動産投資信託（REIT）の特徴	
運用内容	日本国内・海外市場に上場されたREITに投資するファンド
主な投資方針	●日本国内市場に上場されている「国内REIT（J-REIT）型」 ●海外市場（米国、欧州等）に上場されている「海外REIT型」 ●日本国内と海外市場を合わせて投資する「グローバルミックス型」
主な長短所	●ほかの投資信託に比べて高い分配金が見込める ●不動産の賃料収入などをもとにファンドが組成されているので、比較的安定的 ●不動産市況の悪化により、価格変動のリスクがある ●海外REITの場合、為替リスクがある
主な商品例	「ラサール・グローバルREITファンド」「フィデリティ・USリート・ファンド」「新光J－REITオープン」「ワールド・リート・セレクション」など

初心者おすすめ度
★★☆

用語解説 REIT市場

REIT市場は世界各国に広がっていて、日本は後発組となる。世界最大の市場は米国で、オーストラリアも日本市場より大きい。

6 上場投資信託（ETF）

証券取引所で取引されている

「上場投資信託（ETF）」は、投資信託とはいえ、どちらかといえば「株式」に近いものと考えてください。

ETFの特徴は、一般の株式と同様、証券取引所で取引されており、価格もリアルタイムで形成されています。

価格が日経平均株価や金価格指数などに連動した、インデックス型投資信託（98ページ参照）の一種となります。

投資信託の場合、銀行などの金融機関でも購入できますが、ETFは、証券会社のみで取り扱われ、証券市場での直接売買となります。

また、一般の投資信託に比べて信託報酬などのコストが安いという特徴があります。

上場投資信託（ETF）の特徴	
運用内容	日本国内の証券取引所に上場されている投資信託
主な投資方針	●株価指数連動型（TOPIX）、新興国の株価指数連動型 ●金や原油などの指数連動型 ●現物拠出型とリンク債型（ETN）など
主な長短所	●一般的な投資信託に比べて信託報酬が安い ●証券市場で売買されるので、成行・指値注文ができる。売買自由度が高い ●投資信託と比べて少額投資には不向き
主な商品例	「日経225連動型上場投資信託」 「上場インデックスファンド海外新興国株式」 「ETFS金上場投資信託」 「NEXT FUNDS 金融（除く銀行）（TOPIX−17）上場投信」など

初心者おすすめ度
★★

用語解説 ETN（上場投資証券）

ETNはETFと同じく、特定の指数への連動を目指す上場商品。外国で発行された社債券であり、償還の価額が特定の指標に連動することを目的とする。

⑦バランス型投資信託

複数の対象にバランスよく投資

「バランス型投資信託」とは、運用先をバランスよく選択して投資するものです。

株式型・債券型・REITなど、また各々の国内型・外国型といった各投資信託を、バランスよく投資していく運用方針となります。

これは各種類の投資信託を均衡して保有することで、分散投資を自ら考えずに行えるという特徴があります。その一方で、**運用先の投資比率や運用方針などをしっかり把握して投資しなければならない**という注意点もあります。

またバランス型投資信託は、ほかの投資信託に比べて、**手数料などのコストが高い傾向にあります。**

バランス型投資信託の特徴	
運用内容	国内外の債券・株式等で運用される投資信託で運用
主な投資方針	●複数の資産にバランスよく投資する ●株と債券を組み合わせたもの、さらに不動産投信やコモディティといった資産も組み入れるものなど
主な長短所	●最初から複数の資産がパッケージされている ●保有期間中の「リバランス」が不要 ※「リバランス」とは、運用中に資産配分が元の配分から崩れてしまったときに行うメンテナンス ●信託報酬が高めに設定されている場合がある
主な商品例	「ニッセイ・インデックスバランスファンド」「ダ・ヴィンチ」「DIAM世界インカム・オープン」「eMAXISバランス（8資産均等型）」など

初心者おすすめ度
★★★½

用語解説 ノーロード型投資信託

通常、投資信託を買うときは販売会社に購入時手数料を支払うが、ノーロード型投資信託（ノーロードファンド）は、購入時手数料がかからない。

8 ラップ口座

低額でできるようになってきた

「ラップ（wrap）口座」とは、証券会社や信託銀行が個人と契約して、資金の運用から管理、投資のアドバイスまでを包括的に行う、いわば**丸ごとお任せのサービスです**。すべての監理をプロに一任しますが、必ずしも利益を保証するものではないので、注意は必要です。

これまで申込みの最低金額が1000万～3000万円、なかには3億円からと、一般の人には縁の薄いものでした。

ただ近年、各証券会社や信託銀行などが、「ファンドラップ」という口座を開設して、金額も300万～500万円と低くなっています。さらに10万円からできるところも出てきました。

ラップ口座の特徴	
運用内容	主に国内外の投資信託で運用
主な投資方針	●口座設定金融機関の運用方針に基づいて、運用先を決定する ●定期的（年1回～4回）に資産配分の見直しを行う
主な長短所	●口座開設先の金融機関に運用を一任できる ●売買や投資の見直しなどの必要がない ●売買の手数料等はかからないが、口座管理料などのコストが必要 ●プロ任せでも損失のリスクはある
主な商品例	「野村ファンドラップ」「ダイワファンドラップ」 「三井住友信託SMA」「楽ラップ」など

初心者おすすめ度
★★

用語解説 ラップ（wrap）

英語で包むという意味。1999年から証券会社が投資顧問業務を兼務できるようになりスタートした。2004年の証券取引法改正後に本格的に普及。

一つのファンドにすべてをつぎ込まない

アセット・アロケーションを考えよう

投資についての用語に「ポートフォリオ」と「アセット・アロケーション」があります。

前者は自分が保有している金融資産の一覧という意味合い、後者は資産の配分（分散投資）という意味合いになります。

70ページで、投資全体にからめた分散投資について述べましたが、投資信託を行うにもまず、自分のポートフォリオの中から、どのくらいの資金を投資に回して、**その資金でどのようなアセット・アロケーション（分散投資）を構築するかが大切です**。

一つのファンドに集中しない

投資についてよく耳にする言葉に「卵は一つの籠に盛るな」があります。

これは卵を一つの籠に置いておくと、その籠が落ちたり何かにぶつかったりしたとき、すべての卵が割れてしまう、という意味です。ゆえに卵は複数の籠に分けて置くことが大事（＝分散投資）という教訓を示しています。

投資信託でもこの考え方に基づいて、運用していきます。

なお、分散する投資信託を選ぶには、分配金やかかるコスト、予定運用利回りなどを予想して、自身の期待収益率に則したアロケーション（割り当て）を作成することが基本になります（次ページ参照）。

そして、作成したアロケーションをもとに、個別の投資信託を選定します。その際には、専門家のアドバイスも有益でしょう。

用語解説　シャープレシオ

投資のリスクに対するリターンの大きさを示す指標。過去の一定期間にポートフォリオがどれだけ安定して利益を上げたかを示す。一般的には0.5以上が望ましいとされている。

アセット・アロケーション作成のしかた

『myINDEX』というサイトに、「資産配分ツール」があります。その中のみんなのポートフォリオをクリックすると下図が出ます

たとえば、年利3.5%辺りの○をクリックすると、そこを目指すアロケーションが出てきます！

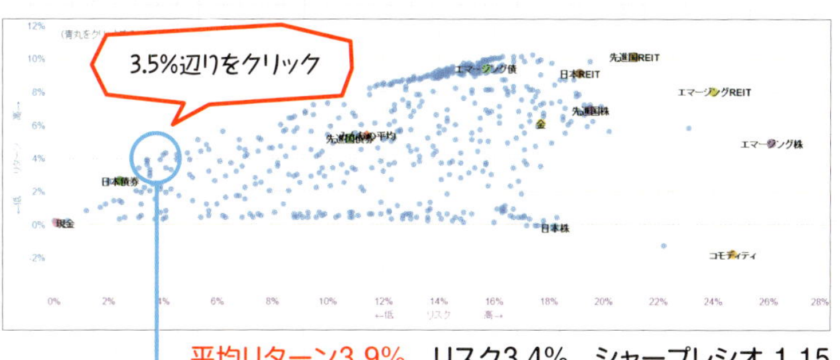

平均リターン3.9%　リスク3.4%　シャープレシオ 1.15

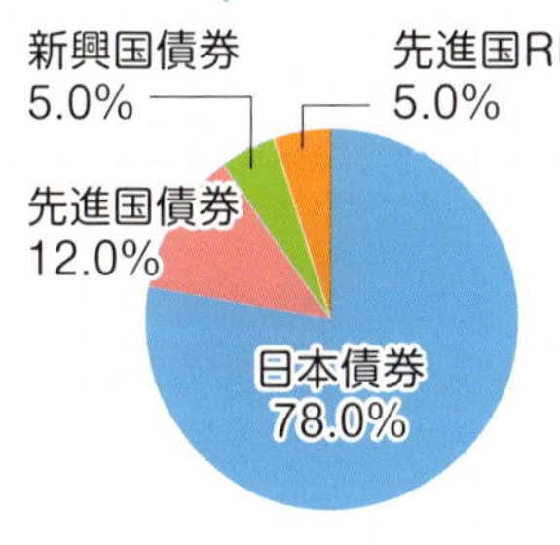

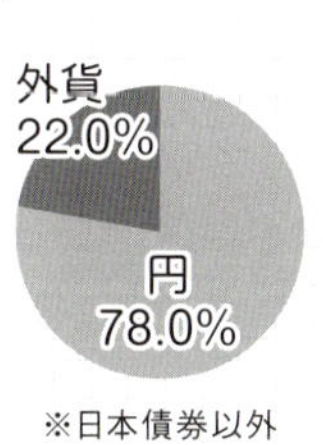

※日本債券以外が外資

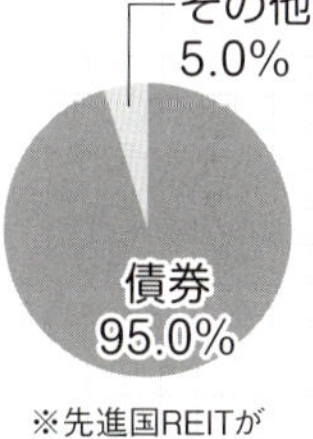

※先進国REITが「その他」

資産クラス	配分比率
日本債券	78%
先進国債券	12%
新興国債券	5%
先進国REIT	5%
	100%

平均リターン3.9%のアセット・アロケーション

売買のタイミングで押さえておくこと

最後まで保有するか途中で解約するか

投資信託の取引方法には2とおりあります。一つは「**償還**」です。投資信託の中には運用期間が初めから決められているものがあります。よってこれは、運用期間中に分配金などを受け取りながら最後まで保有し、期間を終えたあとに返金してもらうやり方です。

もう一つは「**中途換金（売却）**」です。これは、運用期間中に解約して換金することです。ただし、中途換金時の基準価額が購入時よりも下回っている場合、損失が発生することになります。

分配金＋購入・売却の基準価額の差＝損益

当然、投資信託も投資なので損得はありますが、多くの場合、運用期間中に「分配金」が支払われます。よって一概に、買ったときと売ったときの基準価額の差だけが重要とはいえません。

売却するまでに受け取った「分配金」の合計額と、購入時と売却時の基準価額の「差」を足したものが実際の損益です。投資家は、このトータルの金額を把握しなければなりません。

その時どきの状況をHPで確認できる

とはいえ、なかなか自分でこれらの金額を把握するのは難しいかもしれません。

証券会社等では、その時どきでのトータルの損益を、ホームページなどで公表しているので、そのつど確認しながら取引していきましょう。

用語解説 投信分配金

投資信託の分配金には、分配金受け取りと分配金再投資がある。通常前者を一般コース、後者を自動継続コースという。分配金再投資は、受け取った分配金で同じ投資信託を買い付けるが、再投資の際の手数料はかからない。

投資信託の運用と売買

新光J－REITオープン（2013.6.30～16.6.30／毎月分配型）

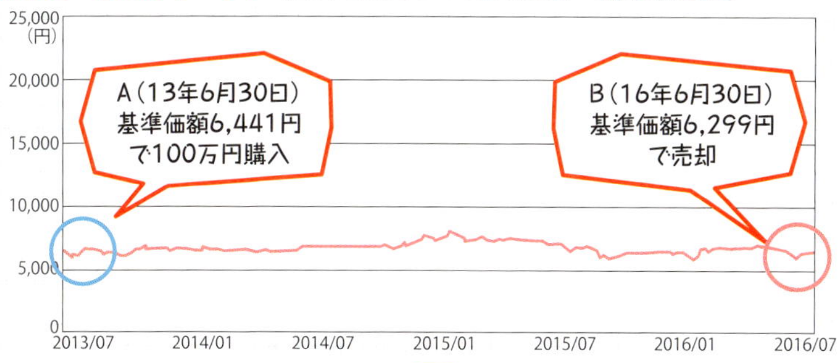

投資金額100万円（A）

運用開始時	
購入時基準価額	6,441円
購入時手数料（税込）	21,143円（2.16%） ※1,000,000円－（1,000,000円÷1.0216）=21,143円
購入可能金額 （購入時手数料を引いた金額）	978,857円 ※1,000,000円÷1.0216=978,857円
購入口数	1,519,729口 ※978,857円÷（6,441円÷10,000）=1,519,729口
投資評価	
評価（売却）時基準価額	6,299円
評価金額	957,277円（B） ※6,299円÷10,000×1,519,729口=957,277円
投資期間中分配金	
分配実績	70円／月（36月）
期間中分配金合計 （税引き後）	320,102円（C） ※70円×36月×1,519,729口÷10,000－62,870円=320,102円
源泉徴収税額	62,870円 ※源泉徴収額は、2013年まで10.417%、14年以降が20.315%。分配金も特別分配と普通分配でそのつど計算しています

損益状況

957,277円（B）－1,000,000円（A）（投資金額）＝▲42,723円（期間中損益）＋320,102円（C）（期間中分配金）

＝277,379円（トータル損益）　3年リターン27.7%

※信託報酬料等含まず

運用法その5／短期向き

「FX」で運用する

おすすめ度

二国間の「為替」の動きで儲ける

FX（外国為替証拠金取引）とは、外国為替を使った運用方法ですが、それではよくわからないという人も多いかもしれません。

まず「外国為替」とは、日本円と米ドルなど、異なった二つの通貨を交換する取引です。

次に「証拠金取引」とは、証拠金という一部のお金を担保に、その金額の何倍もの取引をすること（レバレッジともいう）になります。

つまりFXとは、**少額のお金（証拠金）で大きな金額の外貨を取引する**ことになります。

二国間の「金利」の差で儲ける

FXでは基本的に、**異なる2通貨の為替の差額が利益（もしくは損失）になります**。

仮に米ドル・日本円の場合、1ドル＝90円のときに米ドルを買い、1ドル＝100円（円安）になったところで円に交換すれば、10円の利益になるのです。

またFXでは「スワップポイント」という**金利差を利用した投資方法もあります**。

これは2通貨間の金利の差を利用したもの。仮に日本円・豪ドルで、円の金利が0・1パーセント、豪ドルが1・5パーセントのとき、この金利差は、1・4パーセントなので、豪ドルを持っている間は、この1・4パーセント分の金利が毎日もらえます。

なお、スワップのみを考えた場合、レバレッジは5倍以内が無難です。

用語解説 証拠金

契約の成立や履行を円滑に行うために担保として預ける資金。実際の取引額に対して10〜20パーセントくらいの金額となる。

為替でも金利でも儲けられる

●安く買って高く売る。高く売って安く買う!

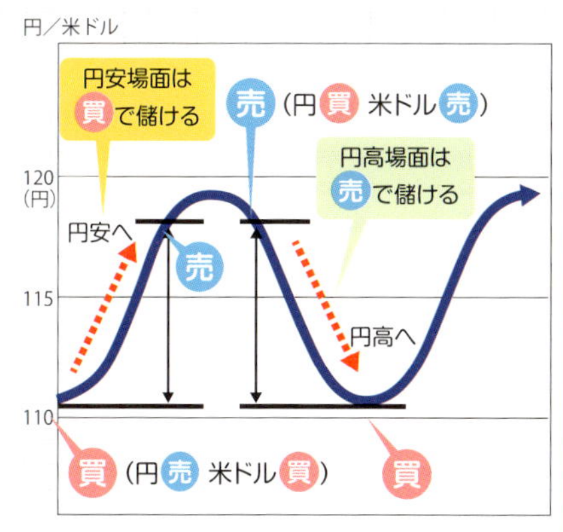

●安く買って高く売る
円高のときに外貨を買い、円安のときに売る

●高く売って安く買う
円安のときに売って、円高が進んだら買い戻す

円安・円高については75ページも参照

●金利の差で儲ける!(スワップポイント)

1.5% オーストラリアの金利

0.1% 日本の金利

1.4% 金利差

スワップポイントとは、外貨預金でいう「利息」のようなもの
低金利の通貨を売り、高金利の通貨を買うことで、
その金利差に当たるスワップポイントを受け取れる

円を売って1万豪ドル買い、金利差が1.4パーセントだった場合、
1豪ドル=80円として、1年間保有すると1万1,200円を受けとれる。
(80円×1.4%×10,000=11,200円。ただし、為替のスワップポイントなので変動する)

FXのポイント

証拠金(元金)の25倍まで掛けられる

FXのポイントは、通貨ペアの選択・レバレッジの設定・売買のタイミングです。

為替は24時間、世界中の市場で動いているので、売買のタイミングが大切なのは当然です。またレバレッジが10倍や20倍の場合、大きく「逆」に動いた場合は、証拠金(元金)以上の損失が発生する危険もあります。

さらに通貨同士の関係にも気をつけます。たとえば日本円・米ドルの通貨ペアと日本円・豪ドルの通貨ペアでは、値動きが違うことも多々あります。

FXはつねに為替の動きに注意しながら売買しなければならないことを考えると、短期売買が主流になるでしょう。

●小さな資金で運用する(レバレッジ)

証拠金
100万円

1米ドル=100円の場合

レバレッジ1倍
1米ドル=100円で
10,000米ドルの取引
(100万円÷100円=10,000米ドル)

レバレッジ10倍
1米ドル=100円で
100,000米ドルの取引
(100万円÷100円×10倍=
100,000米ドル)

レバレッジとは、預け入れる資金の数倍〜数十倍の金額で取引できるしくみ。個人で取引する場合、レバレッジは25倍まで可能

用語解説 ロスカット/追証(おいしょう)

ロスカットとは、含み損が大きくなりすぎた場合に自動的に行われる「強制決済」のこと。追証とは、FXの場合、証拠金の担保力が不足したときに、顧客から追加徴収する金銭のこと。

レバレッジで損得も倍に
例 証拠金10万円の取引（1米ドル＝100円）
為替レート
レバレッジなし
レバレッジ10倍
1米ドル＝100円
1,000米ドル＝10万円
1万米ドル＝100万円
1円 円安に
1円 円安に
1円 円安に
1米ドル＝101円
1,000米ドル＝10万1000円
1万米ドル＝101万円
1,000円の利益
1万円の利益
99円
円高へ
1米ドル＝100円
円安へ
101円
−1,000円
10万円の証拠金
レバレッジなし
10万円分の取引が可能
+1,000円
−10,000円
10万円の証拠金
レバレッジ10倍
100万円分の取引が可能
+10,000円
−20,000円
10万円の証拠金
レバレッジ20倍
200万円分の取引が可能
+20,000円
レバレッジを利用すると、利益も倍だが損失も倍！

運用法その6／短期向き

「商品先物取引（CX）」で運用する

おすすめ度 ★★☆☆☆

商品の価格変動で儲ける

国内の商品取引所である東京商品取引所に上場されている商品（金・白金・原油・大豆など）を売買する取引です。ＦＸと同じく「証拠金」と呼ばれる保証金で取引します。

取引も基本的に現物を売買するのではありません。「買ったものは売って」決済し、「売ったものは買い戻して」決済するという「反対売買」というやり方で取引を完了させます。

この売買による取引を差金決済取引といいます。

大きな損失を免れる方法もある

商品先物取引には「限月（げんげつ）」と呼ばれる期限があります。この期限内であれば、差金決済によって取引を完了できますが、実際の何倍・何十倍の額で運用するので、**思惑と反対の方向に値段が動いた場合、元金（証拠金）以上の損金が発生する危険があります**。

なお、商品先物取引には、損失限定取引（スマートＣＸ）と呼ばれる取引があります。これは、証拠金以上の損失をあらかじめ回避する手法です。「ロスカット水準」「ロスカット限度水準」と呼ばれる価格が新規注文時に設定され、その水準に達したら、自動的に決済され、損失を限定します。

少額から投資できるミニ取引などもありますが、初心者には難しいかもしれません。

用語解説 差金決済

現物の受け渡しを行わずに、売りと買いの差額の授受で決済すること。株式であれば、株の受け渡しで取引が成立するが、差金決済は反対売買の差額のみで取引が成立。

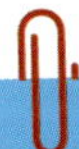

商品先物取引の主な銘柄

上場商品	呼値（よびね）（売買の値段）	取引単位（売買の単位）	取引単位の呼称	1枚当たりの売買差損益
金	1g	1,000g	1枚	100円の値動きで、100円×1,000g×1枚=100,000円の差損益
原油	1kl	50kl	1枚	100円の値動きで、100円×50kl×1枚=5,000円の差損益
ゴム	1kg	5,000kg	1枚	100円の値動きで、100円×5,000kg×1枚=500,000円の差損益
大豆	1t	25t	1枚	100円の値動きで、100円×25t×1枚=2,500円の差損益

商品先物取引の
主要な銘柄です

●商品先物取引の損失限定取引（スマートCX）

金先物取引・買い注文の場合

3,000円	投資損失需要額	買い注文成立値段
2,900円	ロスカットが成立しなかった場合の損失限度額	ロスカット水準（損失限定取引発動値段）
2,700円		ロスカット限度水準（最終防衛ライン）

ロスカット限度水準は、「最終防衛ライン」。
これ以下で取引が成立することはありません

商品先物取引（CX）のポイント

リターンも大きいがリスクも……

商品先物取引は限られた期間内に、価格の変動を予測して投資するので、短期的な売買が主流となります。

金や原油などの商品の、将来の値動きを予測して、**買い注文（上がれば利益）・売り注文（下がれば利益）のどちらかで、利益を追求します。**

このように上がり・下がりのどちらでも利益を追求できます。

ただ、証拠金（元金）という一部の保証金で大きな数量を売買するため、大きな利益が期待できる反面、証拠金以上の損失が発生する危険もある、まさにハイリスク・ハイリターンの取引です。

●少額の証拠金を預けて取引

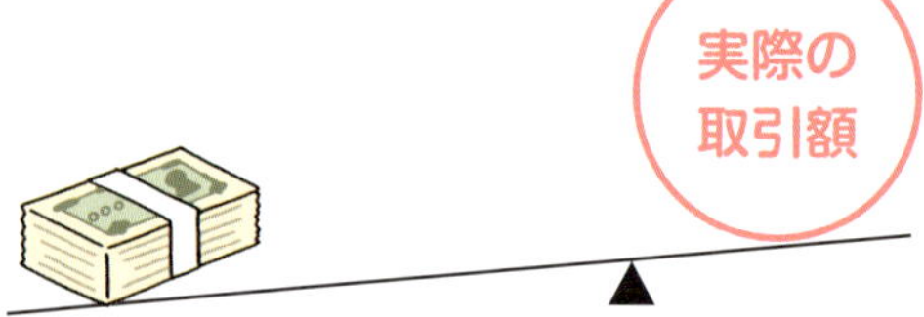

レバレッジ（テコの原理）

- 商品先物取引では、総取引代金の約2～15パーセント程度の証拠金で取引がはじめられる
- 証拠金の約10倍～50倍の取引が可能であることから、これをレバレッジ（テコ）効果と呼ぶ

用語解説　限月（げんげつ）

商品先物取引等において、「期限の月」の略称で使われており、期限が満了となる月（最終決済月）を表している。商品先物取引の場合、この月までに決済しない場合は、当該商品の「現受け」（現物を受け取ること）で決済できる。

リターンも大きいが……

●東京金を4,000円／gで5枚買いスタート
証拠金1枚＝15万円（5枚＝75万円）

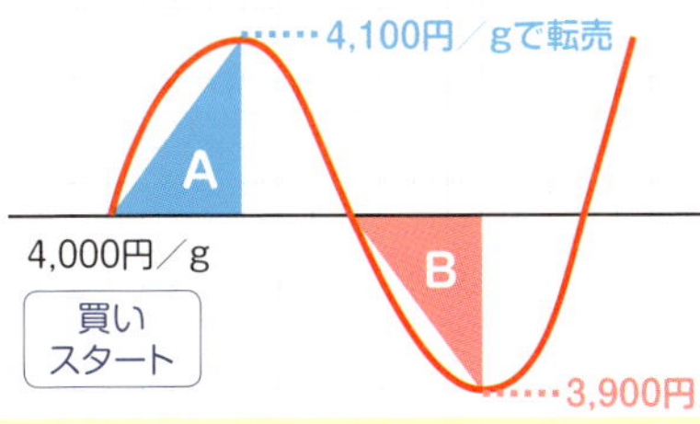

A　4,100円で転売決済
（4,100円−4,000円）×1,000×5枚＝500,000円（差益）
取引証拠金75万円＋売買差益50万円＝125万円（元利合計）

B　3,900円で転売決済
（3,900円−4,000円）×1,000×5枚＝−500,000円（差損）
取引証拠金75万円−売買差損50万円＝25万円（元利合計）

※売買手数料は含まず

●東京金を4,000円／gで5枚売りスタート
証拠金1枚＝15万円（5枚＝75万円）

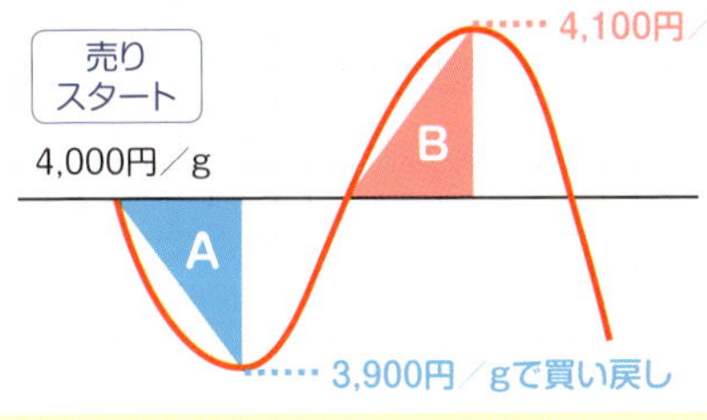

A　3,900円で買い戻し決済
（4,000円−3,900円）×1,000×5枚＝500,000円（差益）
取引証拠金75万円＋売買差益50万円＝125万円（元利合計）

B　4,100円で買い戻し決済
（4,000円−4,100円）×1,000×5枚＝−500,000円（差損）
取引証拠金75万円−売買差損50万円＝25万円（元利合計）

※売買手数料は含まず

運用法その7／長期向き

「金」で運用する

おすすめ度 ★★☆☆☆

ほかの金融資産よりも信用できる

金はよく「ラストリゾート」と呼ばれるように、通貨やほかの金融資産と違って、世界中のどの国でも、ほぼ同価値でみなされます。よって、**世界不況や有事で株価や通貨が全面的に下がったときなどに、金の価格は上がりやすいのです**。

金投資の一般的なものとして「純金積立口座」やナゲット金貨・パンダ金貨といった「金貨」、1キロバーなどの「現物」そのものを保有する方法があります。

現物はなくても投資はできる

金の価格は世界中で毎日値決めされており、日々変動しています。

現物でも日によって、買う値段や売る値段で差損益が発生しますが、通貨やほかの金融資産と異なり、**退蔵性（保有しておくこと）が強い資産として、ずっと持っていてもいいかもしれません**。

また、値動きを利用した投資法には商品先物取引の「東京金」や「東京金ミニ」といった銘柄があります。これは金自体に投資をするというよりも、金の値動きを予想して差金決済（116ページ参照）で利益を追求するものです。

証券取引所でも「金ETF」「金ETN」などが上場されていますが、これらも主に値上がりを期待した投資となります。

用語解説 **トロイオンス**

金の計量に用いられる単位。1トロイオンス＝31.1034768ｇとなる。日本では、グラム表記だが、欧米市場ではトロイオンスが通常単位として用いられる。

金は魅力的な資産！

限りある資産

金の地上在庫は約17.6万トンしかなく、希少性が高い

品質が劣化しない

世界中で共通の価値を持ち、腐食しない

価値が変わらない!

「金」そのものが価値を有するので、物価変動などの影響を受けない

換金性が高い

世界中どこでも、等価値で換金できる

●世界の金市場

金は世界中で取引されている

金投資のポイント

「金」を財産として保有するつもりで……

金投資のポイントは、値上がりなどを期待しての短期投資というよりも、「金という財産を保有する」という考え方がよいかもしれません。

少額から資産を積み立てる方法としては、純金積立口座などがおすすめですが、利益を追求するという投資ではなく、あくまでも**「金という安全資産を持つ」という考え方で、はじめたほうがよいでしょう。**

金は、株・債券・通貨のように、発行する企業や国家の信用によって成り立つ資産とは違い、発行元がなく、世界中で価値が認められている資産なので、有用性が高いのです。

●おすすめの金投資

金投資種類	リスク評価	特　徴
金地金現物投資	やや低	･金地金の取扱会社では、複数のバーサイズがある ･バーサイズは5g･10g･20g･50g･100g･500g･1kgが基本 ･500g未満だと売買時に手数料（バーチャージ）がかかる
地金型金貨	やや低	･金地金の時価相当分に、上乗せ金を加算した時価で売買（この上乗せ金をプレミアムという） ･プレミアムは、発行国の造幣局が金貨を製造する際のコスト。輸送費などを合わせた費用で決められる ･バーチャージはかからない
純金積立（金定額積立）	低	･毎月一定額で金を少しずつ購入する ･月々1,000円からはじめられる ･購入した金は取扱会社に預ける。その間は買い付け報告書や残高報告書といった書類で保証される

金の運用効果

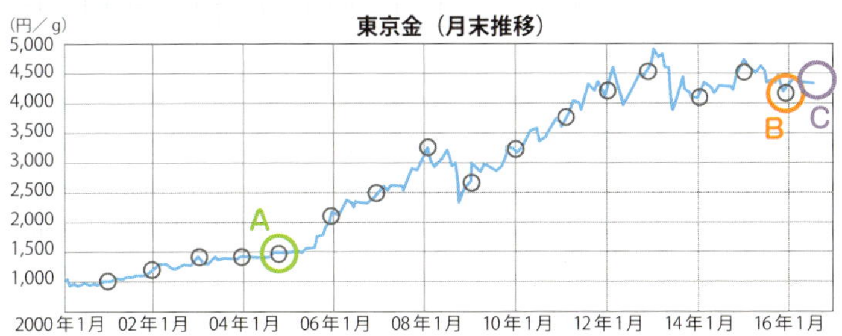

●金地金現物投資

1kg=1,000g

A 地点（05年）:1,500円／gで、金地金1kgを購入。1,500,000円（諸費用含まず）となる

B 地点（16年）:金価格は、4,000円／g近辺で推移
ここで売却した場合、金地金1kgは4,000,000円（諸費用含まず）
05年から16年までの運用率=約15%／年
（4,000,000円−1,500,000円）÷11年÷1,500,000円×100≒15%

●純金積立（○で毎年10万円を純金積立した場合）

01年は、購入額1,000円／gで、10万円で100g（諸費用含まず）購入できる。
以降は下の表を参照（金価格はグラフからの概算）

10万円÷1,000円=100g

毎年10万円を積み立てた場合		
購入年	金価格	購入g
2001年	1,000円	100.0g
2002年	1,300円	76.9g
2003年	1,400円	71.4g
2004年	1,400円	71.4g
2005年	1,500円	66.7g
2006年	2,100円	47.6g
2007年	2,500円	40.0g
2008年	3,300円	30.3g
2009年	2,600円	38.5g
2010年	3,200円	31.3g
2011年	3,700円	27.0g
2012年	4,200円	23.8g
2013年	4,500円	22.2g
2014年	4,100円	24.4g
2015年	4,500円	22.2g
2016年	4,200円	23.8g
平均購入価格	2,229.96円	計717.5g

購入投資総額:160万円
金購入量:717.5グラム

金価格が**C**（4,296円）のとき

4,296円×717.5g
=**3,082,380円**

3,082,380円−1,600,000円
=1,482,380円の差益

※手数料等含まず

運用法その8／長期向き

「不動産」で運用する

おすすめ度 ★☆☆☆☆

多額の資金が必要

不動産投資とは、一般に不動産物件を購入し、その物件を貸し出して、賃料収入を得て収益を上げていくことです。近年では、土地とアパートを購入して、アパート経営をする方法もよく見かけます。

いずれにせよ、不動産を保有することになるので、多額の資金が必要となります。よって多くの不動産投資は、**ローンを組み、ローンの支払い額以上の賃料収入を得て、投資効率を上げるという形態をとっています**。

資産運用といえるのか？

自分が保有している不動産を活用する場合は資産の活用といえるでしょう。一方で、収益物件を購入して運用する場合、収益元の賃料収入と同時にローンの返済もあります。いわば、**負債と収益を同時に抱えているようなものです**。

また、購入した不動産の売却を考えた場合、購入物件の築年数や立地条件などによって、売却条件が合わない場合も想定されるので、難しい投資といわざるを得ません。

購入する物件の立地条件を考えるだけでなく、管理費用や税金なども考慮したうえで、投資物件を決めなければならず、さらにローンの支払いも念頭に収益を考えなければなりません。

ここまでくると、初心者向きの投資とはいえないのが現状です。

用語解説 表面利回り

不動産の収益性の高さを測るのに用いる数値。維持管理費など、不動産の保有にかかるコストを入れていないので実質的な利回りとは異なる。想定される年間不動産収入÷物件の購入価格。

不動産投資のしくみ

賃料収入や物件価格の上昇を期待して投資
（※ローンを利用しての物件投資も……）

投資家

●うまくいったとき
期待どおりの賃料収入が得られる／
物件価格の上昇（※ローン返済も安定）

不動産

●うまくいかないとき
空室や賃料下落による収入減／
地価下落による物件価格の下落
（※ローン返済が円滑にできない）

不動産投資のリスク	概　要
購入リスク	購入した物件に欠陥や瑕疵（かし）のあるリスク
借入リスク	借入による物件購入の場合、返済が滞るリスク及び金利の変動リスク
空き家リスク	空室率の増加による収益減少に陥るリスク
補修リスク	物件の設備や建物が壊れた場合の補修費負担リスク
火災リスク	入居者の不注意による出火等のリスク
天災リスク	地震等の天災による物件損壊のリスク
流動性リスク	物件を売却する場合、思うような価格ですぐに売買できないリスク
オーバーローンリスク	何らかの原因で借入金以下の金額で物件を売却した場合、ローン残額だけが残るリスク

不動産投資のポイント

さまざまなリスクを念頭に置かないと……

不動産投資のポイントは何といっても物件の選定となります。とはいえ、素人(しろうと)では難しく、たいていは業者任せになってしまいます。たとえばアパート経営の場合、業者が選定した土地に物件を建てて、賃料収入を得ながらローンを返済していくという格好になります。その際、入居率や賃料の低下などにより、収益が減ってしまうことも念頭に置かなければなりません。

不動産投資は、長期の計画を持ち、**ローンや管理費、税金等の経費など、さまざまなリスク要因を考えたうえで運用していかなければならない投資といえます。**

●不動産選定のポイントは下の五つ

立地	首都圏/大都市圏近郊	地方及び郊外		
物件形態	戸建て	区分所有	一棟	
構造	RC造	鉄骨	木造	
築年数	新築	中古		
用途	更地	店舗・オフィス	住居	その他

（上記 ┈┈> をたどると、選定した不動産は、首都圏／大都市近郊の戸建ての中古木造住宅になる）

収入と返済を併用して運用

物件情報

物件価格	1,500万円
満室時想定年収	144万円
想定空室率	10%
経費率	15%

満室時の想定賃料収入（年間）

1〜2か月の空室であれば0%とみなす

諸経費の賃料収入に対する割合。固定資産税・賃貸管理費・建物管理費等

投資情報

自己資金	300万円
借入金額	1,200万円
借入期間	15年
借入金利	2.8%

自分で準備する資金

金融機関からの融資

返済期間

収支シミュレーション

※不動産物件に投資をしたシミュレーション
上記の例では、実質利回りで7.2%となるが、あくまでも入居者がいる状態が続いたと仮定

❶返済月額	81,721円	毎月の返済額
❷返済年額	980,652円	毎月の返済額×12か月
❸返済総額	14,709,780円	返済額（年額）×借入期間（15年）
❹賃料収入（年）	1,440,000円	年間想定賃料収入（月12万円）
❺諸経費等（年）	360,000円	④賃料収入×（空室率+諸経費率）
❻年間支出	1,340,652円	②返済年額+⑤諸経費等
❼年間手取り	99,348円	④賃料収入−⑥年間支出
❽表面利回り	9.6%	④賃料収入÷物件価格×100
❾実質利回り	7.2%	（④賃料収入−⑤諸経費等）÷物件価格×100

Column

お金儲けは悪？な日本人

最近「ファイナンシャル・リテラシー」という言葉を聞くようになりました。

日本人はもともと勤勉な民族で、戦後、圧倒的な勤勉さや真面目さで経済成長を遂げ、先進国の一角をなす経済大国となっています。

憲法でも国民の三大義務として「教育」「労働」「納税」が示されているとおり、働くことこそが尊いという考えなのでしょう。

そのため「金儲けのために仕事をする」というと、何となく下品なイメージを抱きがちです。しかし、お金を儲けること、稼ぐことは決して下品ではありません。

「ファイナンシャル・リテラシー」は、直訳すると「お金に関しての理解能力」です。意味としては「お金に対して適切な行動と決定ができるスキルや能力、知識を得る」ことだと思われます。

「お金を稼ぐ」「お金を使う」「お金を借りる」「お金を貸す」「お金を預ける」「お金を増やす」など、お金に関わる行動はさまざまです。この行動を正しく行うための判断や知識を得ていくことこそファイナンシャル・リテラシーです。

お金を媒介にして、さまざまな物やサービスが得られ、生活が成り立っているので、しっかりとした理解と考え方を身につけることは大切です。

PART 4

投資額別にみる運用術

年利15%を目指す

10万円からの資産運用

高利益・低コストを選ぶ

たとえば、10万円を一気に50万円にするには、年利400パーセントで運用しなければなりません。仮に400パーセントを目指すとなると、相当リスクの高い運用となります。

400パーセントとまではいきませんが、10万円で投資するときのキーワードは「**高利率運用**」になります。もともと元本が少ないので、高利率の運用を目指さないと資産が増えないのです。

また、手数料などの「**低コスト**」もキーワードです。運用商品にかかるコストが高いと、ただでさえ少ない元本がさらに少なくなってしまいます。

少額投資ならNISAを活用すべき

低コストで運用する方法としてまず、NISA（少額投資非課税制度）の活用を考えましょう（44ページ参照）。

NISA口座では、投資開始から5年間の運用益が非課税になります。ETFなどの値動きに応じて売買できる銘柄も選べるので、運用効率を上げながら投資収益を追求できるというメリットがあります。

実際に運用商品を決めるとき、その特性や値動きリスクなどを十分に考えなければなりませんが、これは、投資額がいくらであろうと変わりません。

用語解説 政府系ファンド

「国富ファンド」や「ソブリン・ウエルス・ファンド」とも呼ばれる、各国の政府が出資するファンド。積極的な国に、UAE、サウジアラビア、中国、ロシア、シンガポール、マレーシアなどがあり、運用規模が巨大である。

●NISA口座で下のETFを運用

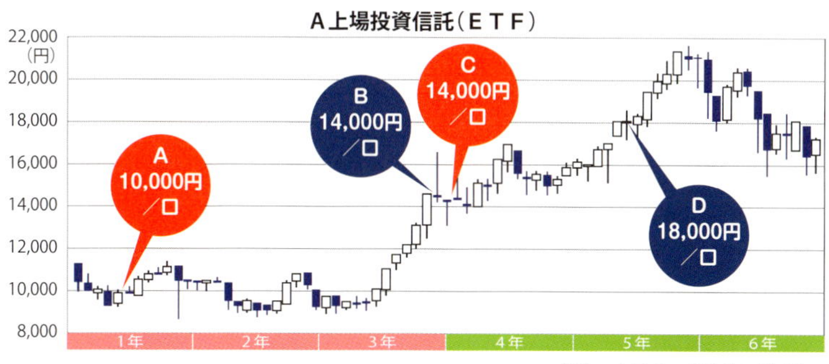

（注）　上記チャートはイメージです。

1〜3年目

A 1口10,000円で、10口買い付け(1年目) 10,000円×10口=100,000円

B 1口14,000円で、10口売却(3年目)　　14,000円×10口=140,000円

➡ 売買益は、(14,000円−10,000円) ×10口=40,000円
投資元本10万円に対して、40%の利益 (40,000円÷100,000円×100=40.0%)

3年間の平均年率=40%÷3年=13.3%

4〜5年目

C 1口14,000円で、10口買い付け(3年目) 14,000円×10口=140,000円

D 1口18,000円で、10口売却(5年目)　　18,000円×10口=180,000円

➡ 売買益は、(18,000円−14,000円) ×10口=40,000円
売買益14万円に対して28%の利益 (40,000円÷140,000円×100=28.6%)

2年間の平均年率=28.6%÷2年=14.3%

<投資元本10万円に対して8万円の利益>

80,000円÷5年÷100,000円×100=
16%(5年間の平均年率)

※すべて手数料等は含んでいません

30

年利20%以上を目指す
50万円からの資産運用①

分散投資をする

50万円の場合も10万円同様、NISAの活用が有効です。

ただ、10万円とは違って50万円の場合は少なくとも10万円単位での分散が可能となり、投資方法に幅を持たせられます。

たとえば50万円を、15万円・20万円・15万円と三つの銘柄に分散させるという方法です。**分散投資をすることで、リスクの分散と収益の多様化につながり**、より収益性の高い運用となっていきます。

投資決済
ファンドA　15,000円
ファンドB　24,000円
ファンドC　24,000円

基準価額

4年　5年

ファンドC（海外REIT型）15万円

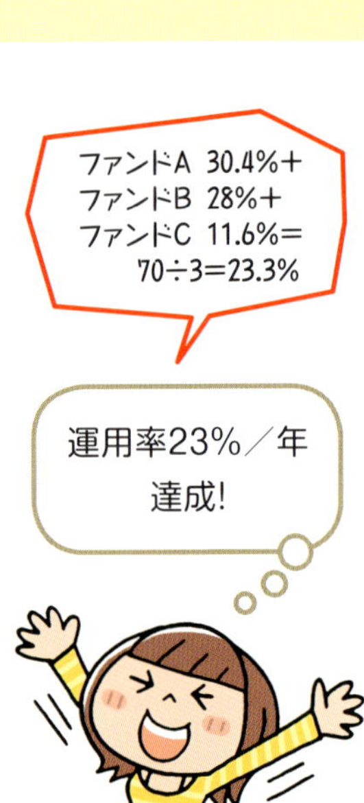

ファンドA 30.4%＋
ファンドB 28%＋
ファンドC 11.6%＝
70÷3＝23.3%
運用率23%／年
達成!

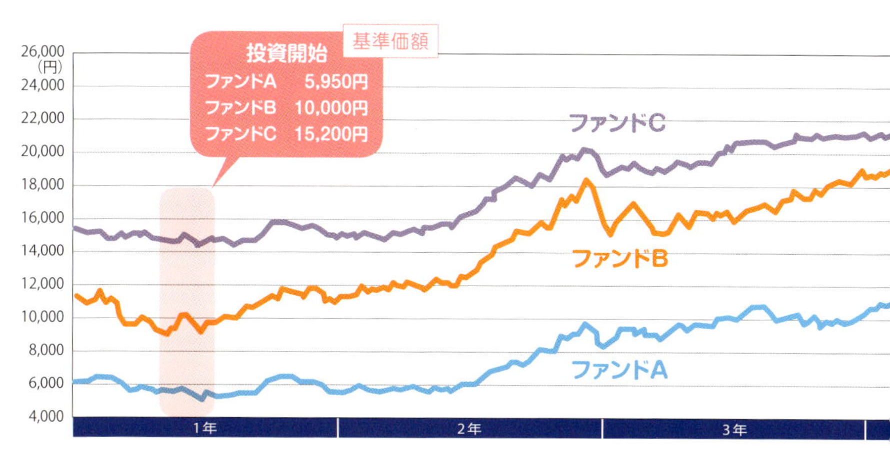

ファンドA(国内株式型)15万円/ファンドB(海外債券型)20万円/

※投資総額50万円(諸費用含まず)

投資開始地点

購入金額÷(基準価額÷10,000)

ファンドA 252,101口 /ファンドB 200,000口 /ファンドC 98,685口の買い付け

※ファンドA:150,000円÷(5,950円÷10,000)=252,101口

※ファンドB:200,000円÷(10,000円÷10,000)=200,000口

※ファンドC:150,000円÷(15,200円÷10,000)= 98,685口

※小数点以下切り上げ

5年目の決済時

決済時の基準価額×口数÷10,000=収益

ファンドA **15,000円×252,101口÷10,000=378,152円**
(収益228,152円 収益率152.1% 年平均収益率30.4%)
※ 152.1%÷5年=30.4%

収益÷購入金額×100=収益率

ファンドB **24,000円×200,000口÷10,000=480,000円**
(収益280,000円 収益率140% 年平均収益率28%)
※ 140%÷5年=28%

ファンドC **24,000円×98,685口÷10,000=236,844円**
(収益86,844円 収益率57.9% 年平均収益率11.6%)
※ 57.9%÷5年=11.6%

※すべて手数料等は含んでいません

31

年利20％以上を目指す

50万円からの資産運用②

外債は為替次第でハイリターン

50万円を債券で運用するケースを考えてみます。

左の例では、利息のつかない「ゼロ・クーポン債」で運用しています。これは額面を割り引いた価格で買え、額面の価格で償還されるものです。

ただ、**外債（南アフリカ・ランド建て外債）なので為替の変動に注意しなければなりません。**

また債券投資では、NISA口座を適用できないことにも注意が必要です。

運用効果例（5年間）
※手数料等含まず

●購入価格
額面100,000ZAR×11.0円×0.42=462,000円
●償還時の返還金
100,000ZAR×為替となる

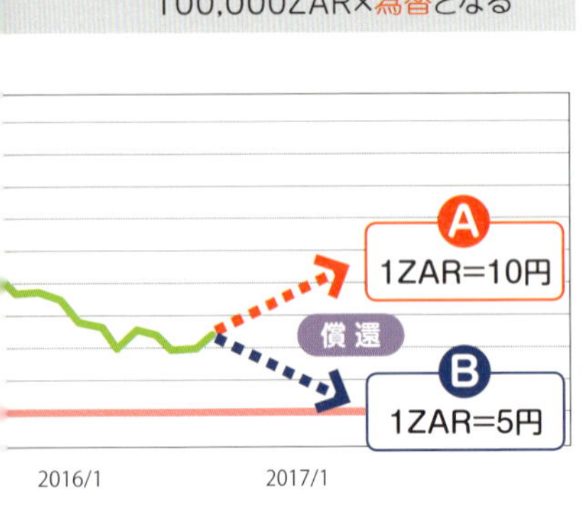

ゼロ・クーポン債は、利払いがない代わりに額面から割り引いた価格で購入でき、額面で償還される債券です。

外債投資は、
為替の動向がポイント!

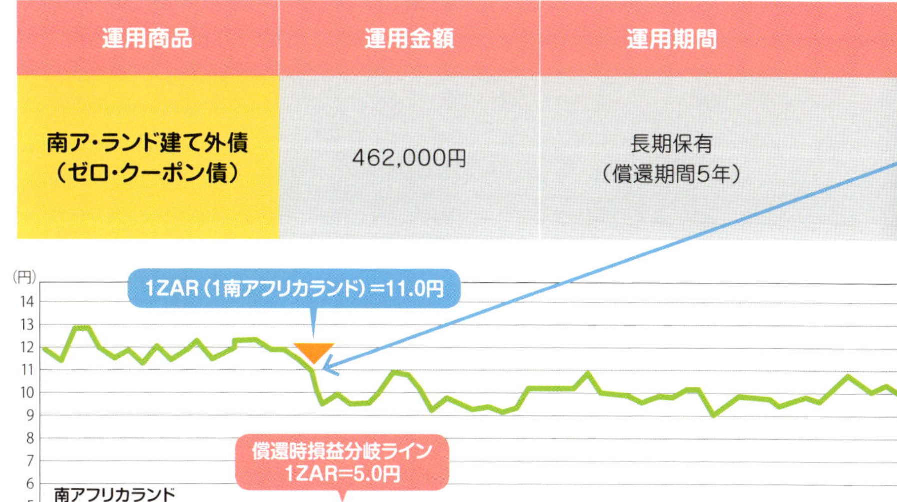

運用商品	運用金額	運用期間
南ア・ランド建て外債（ゼロ・クーポン債）	462,000円	長期保有（償還期間5年）

▼地点で、額面100,000南ア・ランド（ZAR）の債券を、額面42%の割合で購入する。
購入時為替の11円×100,000ZAR×0.42（42%）=462,000円（購入価格）

Ⓐの場合、1ZAR=10円で償還となるので、
100,000ZAR（購入額面）×10円=1,000,000円

1,000,000円−462,000円=538,000円（期間収益）
538,000円÷462,000円×100=116.5%（期間収益率）
（538,000円÷5年）÷462,000円×100=23.3%（年平均利回り）

Ⓑの場合、1ZAR=5円で償還となるので、
100,000ZAR（購入額面）×5円=500,000円

500,000円−462,000円=38,000円（期間収益）
38,000円÷462,000円×100=8.2%（期間収益率）
（38,000円÷5年）÷462,000円×100=1.6%（年平均利回り）

※すべて手数料等は含まず

32 年利15％以上を目指す

100万円からの資産運用①

運用収益を積極的に狙う

100万円を運用する場合も、NISAの活用は必須といえるでしょう。

NISAの場合、年間120万円までの非課税枠があります。よって、100万円を積極的に分散させて、売買益を追求した場合でも売買益に税金はかかりません。

年利15パーセント以上を目指すには、それ相応の銘柄を選び、かつ、**売買のタイミングに注意し、運用商品の入れ替えを行わなければなりません。**

A:株（単位株100株）40万円買い付け

1. 2,000円×200株=40万円
2. 4,000円×200株=80万円（売却）
3. 4,000円×200株=80万円
4. 8,000円×200株=160万円（売却）

<運用結果>
40万円 ➡160万円（2012年～15年）

※手数料等含まず

B:投資信託（海外株式型 分配なし）60万円買い付け

1. **6,200円で買い付け**
※600,000円÷（6,200円÷10,000）=967,742口
2. **17,400円で売却**
※17,400円×967,742口÷10,000=1,683,871円

<運用結果>
60万円 ➡168万円（2012年～16年）

※手数料等含まず

運用する商品の選定と
売買時期が重要だ！
売買後の運用商品も
選定し直さないとダメ！

●株式と投資信託を4:6の比で、高収益を狙った場合

運用銘柄を選定して、積極運用

100万円の運用資産が、約328万円に増加

（※2012年1月〜16年1月）

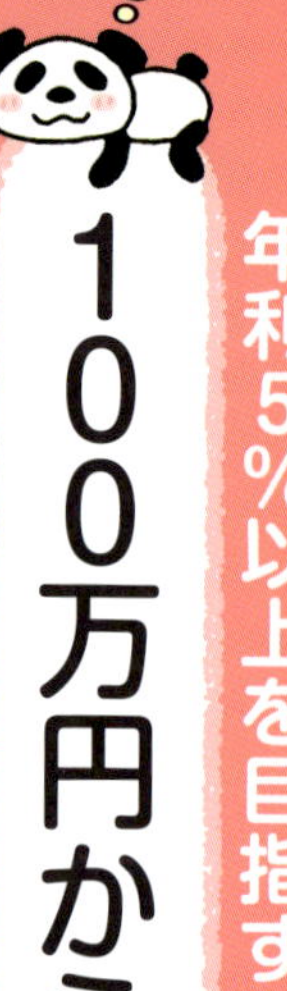

年利5%以上を目指す
100万円からの資産運用②

手堅く安定運用を考える

運用には売買益（キャピタルゲイン）を狙う方法もあれば、分配金や配当金などを定期的に受け取る（インカムゲイン）方法もあります。

ここでは、将来にわたっての**収益性に着目した投資商品選びがポイントです**。最低でも年間10パーセントくらいの利回りは確保しておきたいところです。

もちろん、1銘柄に集中投資するのではなく、複数銘柄への分散投資が基本となります。少なくとも3〜4種類の分散が必要です。

A ▼で、株式を買い付け（株価2,000円）

2000円×100株=200,000円

2012年1月〜16年7月まで
・配当合計　1株当たり353円
・配当金合計　353円×100株=35,300円
・5年平均投資元本配当率（3.53%）
※35,300円÷5年÷200,000円×100=3.53%

▼で、2016年の配当受け取り後に売却（株価6,000円）

6,000円×100株=600,000円

B ▲で投資信託（海外REIT型）を買い付け

・基準価額5,385円　買付金額40万円（742,804口）
400,000円÷（5,385円÷10,000）=742,804口
2012年〜16年7月まで分配金合計
・分配金3,460円（10,000口当たり）
・受取分配金合計
3,460円×742,804口÷10,000
=257,010円
・5年平均投資元本配当率（12.8%）
※257,010円÷5年÷400,000円×100=12.8%

▼での投信時価評価額

4,000円×742,804口÷10,000=297,122円
・分配金257,010円+評価額297,122円
=554,132円

C ▲で投資信託（米国債券型）を買い付け

・基準価額9,735円　買付金額40万円（410,888口）
400,000円÷（9,735円÷10,000）= 410,889口
2012年〜16年7月まで分配金合計
・分配金4,055円（10,000口当たり）
・受取分配金合計
4,055円×410,889口÷10,000
=166,615円
・5年平均投資元本配当率（8.3%）
※166,615円÷5年÷400,000円×100=8.3%

▼での投信時価評価額

8,450円×410,889口÷10,000=347,201円
・分配金166,615円+評価額347,201円
=513,816円

※すべて手数料等は含んでいません

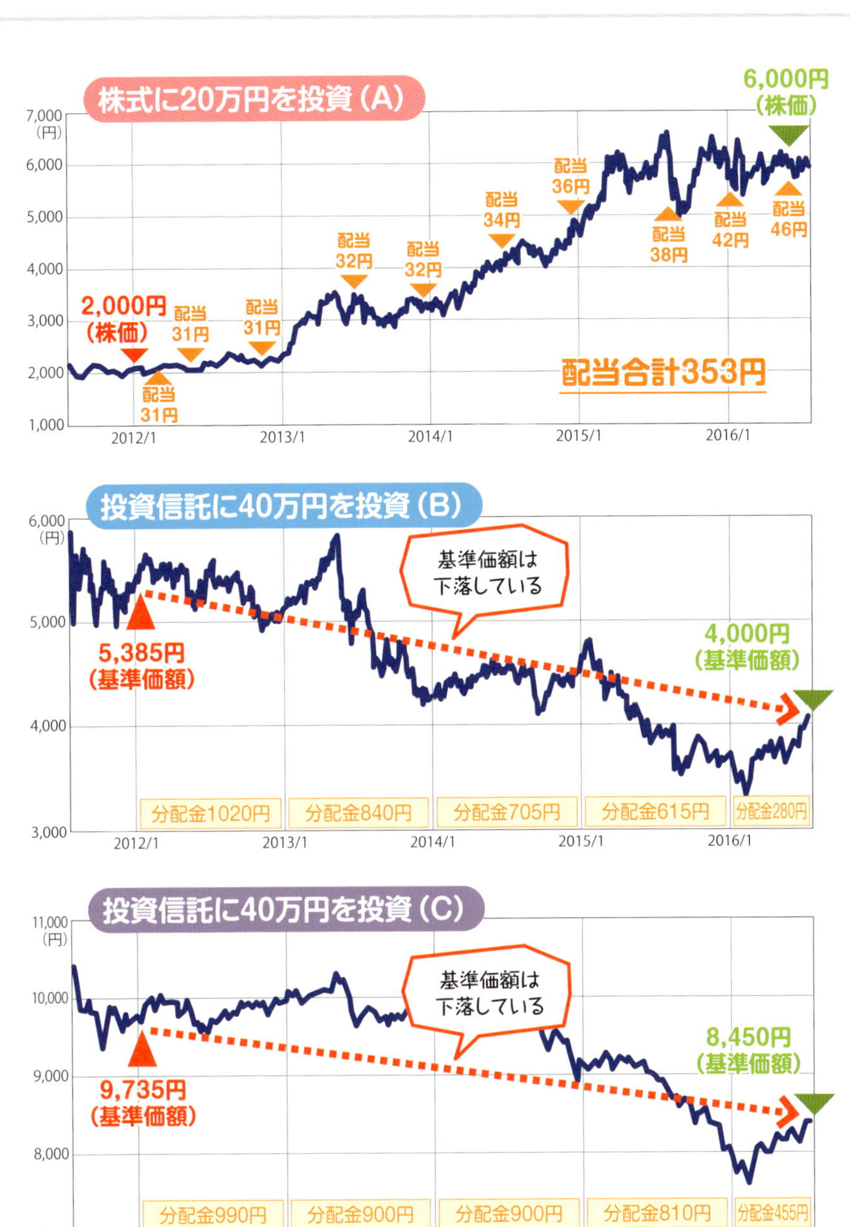

株式に20万円を投資（A）
6,000円
（株価）
2,000円
（株価）
配当
31円
配当
31円
配当
31円
配当
32円
配当
32円
配当
34円
配当
36円
配当
38円
配当
42円
配当
46円
配当合計353円
投資信託に40万円を投資（B）
基準価額は
下落している
5,385円
（基準価額）
4,000円
（基準価額）
分配金1020円
分配金840円
分配金705円
分配金615円
分配金280円
投資信託に40万円を投資（C）
基準価額は
下落している
9,735円
（基準価額）
8,450円
（基準価額）
分配金990円
分配金900円
分配金900円
分配金810円
分配金455円

34

年利5％以上を目指す

500万円からの資産運用

500万円を安定的に運用

５００万円を中・長期の期間を設けて安定的に運用する場合、債券など**利回り主体の商品を組み入れることも有効です。**

ただし日本国債などは、低金利の影響で利回りが低いので、外国通貨建ての債券などを検討します。その際、為替の影響を受けることを念頭に置かなければなりません。

また、投資信託なども組み入れて、リスクの分散を図れば、安定した収益を得られるでしょう。

運用効果例（5年間）
※手数料等含まず

●購入価格
額面400,000ZAR×11.0円×0.42=1,848,000円
●償還時の返還金
400,000ZAR×為替となる

償還時1ZAR=10.0円の場合
400,000ZAR×10円=**4,000,000円**
（5年平均利回り23.3%）
※（4,000,000円－1,848,000円）÷5年÷1848,000円×100=23.3%

償還時1ZAR=4.0円の場合
400,000ZAR×4円=**1,600,000円**
（5年平均利回り−2.7%）
※（1,600,000円－1,848,000円）÷5年÷1,848,000円×100=—2.7%

運用効果例（5年間）
※手数料等含まず

●購入時
3,151,200円÷（10,100÷10,000）=3,120,000口
●分配金合計=202,800円

現在の基準価額では、
10,800円×3,120,000口÷10,000
=3,369,600円
3,369,600円+202,800円
=**3,572,400円**
（年平均利回り2.7%）
※（3,572,400円－3,151,200円）÷5年÷3,151,200円×100=2.7

分配金

債券だけでも、好運用が見込めます

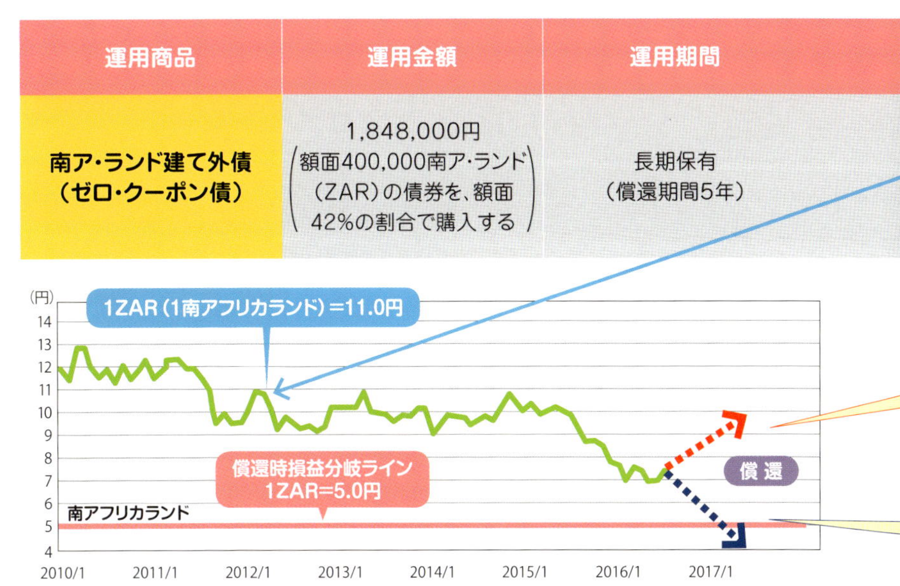

運用商品	運用金額	運用期間
南ア・ランド建て外債（ゼロ・クーポン債）	1,848,000円（額面400,000南ア・ランド（ZAR）の債券を、額面42%の割合で購入する）	長期保有（償還期間5年）

運用商品	運用金額	運用期間
国内公社債型投資信託	3,151,200円	長期保有

Index

著者

湯之前敦　ゆのまえ あつし

1965年生まれ。ファイナンシャルプランナー（AFP）。国際テクニカルアナリスト連盟認定テクニカルアナリスト。30年間、金融業界に従事。2000年以降はファイナンシャルプランナーとして、個人の資産運用・ライフプラン・住宅ローンの相談・見直し等に携わる。総相談件数は1000件以上にのぼる。

いちばんカンタン！

資産運用の超入門書

著　者　湯之前　敦
発行者　高橋秀雄
編集者　原田幸雄
発行所　**株式会社 高橋書店**
〒170-6014 東京都豊島区東池袋3-1-1 サンシャイン60 14階
電話　03-5957-7103

ISBN978-4-471-21078-6　

本書の内容についてのご質問は「書名、質問事項（ページ、内容）、お客様のご連絡先」を明記のうえ、郵送、FAX、ホームページお問い合わせフォームから小社へお送りください。
回答にはお時間をいただく場合がございます。また、電話によるお問い合わせ、本書の内容を超えたご質問にはお答えできませんので、ご了承ください。本書に関する正誤等の情報は、小社ホームページもご参照ください。

【内容についての問い合わせ先】
書　面　〒170-6014 東京都豊島区東池袋3-1-1 サンシャイン60 14階　高橋書店編集部
F A X　03-5957-7079
メール　小社ホームページお問い合わせフォームから　（https://www.takahashishoten.co.jp/）

【不良品についての問い合わせ先】
ページの順序間違い・抜けなど物理的欠陥がございましたら、電話03-5957-7076へお問い合わせください。
ただし、古書店等で購入・入手された商品の交換には一切応じられません。